Stefan Schäfer

# 44 kreative Wege zur mündlichen Note Deutsch

Tipps und Methoden für abwechslungsreiche und faire mündliche Leistungserhebungen

3. Auflage 2022


Autor: Stefan Schäfer
Illustrationen: Trantow Atelier, Stefanie Czapla
Satz: Fotosatz H. Buck, Kumhausen
Druck und Bindung: Himmer GmbH
ISBN 978-3-403-**07756**-5

www.auer-verlag.de

# Inhaltsverzeichnis

# Einleitung

*Er [i. e. Ordinarius Doktor Mantelsack] war von einer ganz ausnehmenden, grenzenlos naiven Ungerechtigkeit, und seine Gunst war hold und flatterhaft wie das Glück. Stets hatte er ein paar Lieblinge, zwei oder drei, die er „Du" und mit Vornamen nannte, und die es gut hatten wie im Paradiese. Sie konnten beinahe sagen, was sie wollten, und es war dennoch richtig; und nach der Stunde plauderte Doktor Mantelsack aufs menschlichste mit ihnen.*
*[...]*
*Nun kreuzte Doktor Mantelsack im Stehen die Beine und blätterte in seinem Notizbuch. Hanno Buddenbrook saß vornübergebeugt und rang unter dem Tische die Hände. Das B, der Buchstabe B war an der Reihe! Gleich würde sein Name ertönen, und er würde aufstehen und nicht eine Zeile wissen, und es würde einen Skandal geben, eine laute schreckliche Katastrophe, so guter Laune der Ordinarius auch sein mochte [...]*

*(Thomas Mann: Buddenbrooks. Fischer Verlag, Frankfurt 1960. S. 725 f.)*

Auch wenn es heute nur noch wenige Lehrer[1] geben dürfte, die mit gezücktem Notenbuch zu Stundenbeginn ihre Schüler scharf examinieren, und heute weder Lehrer im von Thomas Mann beschriebenen Sinne in ihrer „ganz ausnehmenden, grenzenlos naiven Ungerechtigkeit" allmächtig sind noch mündliche Abfragen für Schüler in „laute schreckliche Katastrophen" führen, so sind doch die im Auszug aus dem Roman „Buddenbrooks" ausgedrückten Empfindungen aktuell:

- die Scham der Schüler, zumal der schüchternen und zurückhaltenden, bei öffentlicher Bloßstellung und die Angst vor dem Versagen;
- die Zweifel sowohl der Schüler wie auch vieler Lehrer an der Objektivität und Gerechtigkeit einer mündlichen Abfrage;
- das Unbehagen insbesondere der Schüler bezüglich immer gleich ablaufender Prüfungssituationen (zumal, wenn man mit der jeweils praktizierten Form weniger gut zurechtkommt).

Die mit der mündlichen Leistungsfeststellung verbundenen Fragen und Probleme reichen dabei weiter, als es zunächst den Anschein haben mag. Tatsächlich wird nämlich hier sowohl das Rollenverständnis von Schülern und Lehrern als auch ihr Verhältnis zueinander besonders deutlich. Deshalb ist die mündliche Abfrage wohl auch dort das beliebteste Motiv, wo die Schul- und Unterrichtswirklichkeit literarisch oder filmisch verarbeitet wird. Mit anderen Worten: In der Art, wie man mündliche Leistungen ermittelt (im extremsten Fall mündlich prüft), drückt man sein Selbstverständnis als Lehrer aus und wird darin auch in besonderer Weise von den Schülern wahrgenommen. Jeder Lehrer tut deshalb gut daran, sein Tun in diesem Bereich von Zeit zu Zeit kritisch zu reflektieren.

Mit den in diesem Buch versammelten „44 kreativen Wegen zur mündlichen Note Deutsch" werden nun Möglichkeiten aufgezeigt, wie man in der mündlichen Leistungsfeststellung den oben benannten Problemen begegnen kann. „Patentlösungen" kann es dabei aber nicht geben.

1 Aufgrund der besseren Lesbarkeit ist in diesem Buch mit Lehrer auch immer Lehrerin gemeint, ebenso verhält es sich mit Schüler und Schülerin etc.

Methoden und Tipps können vielmehr immer nur zielgerichtet wirksam sein, müssen also auf das jeweilige Fach, die jeweilige Klasse und nicht zuletzt auf die jeweilige Lehrerpersönlichkeit abgestimmt sein. Im Abschnitt „Grundlagen" werden deshalb zunächst die den Methoden und Tipps übergeordneten Ziele näher beschrieben; das Kapitel „Grundlagen" enthält außerdem allgemeine Hinweise zur mündlichen Leistungsfeststellung und deren Organisation.

Die Darstellungen der Methoden/Tipps folgen im Wesentlichen demselben Schema:

Jede Methode/Jeder Tipp ist einem der in den Grundlagen beschriebenen **übergeordneten Ziele** zugeordnet.

Mithilfe von Icons werden Angaben zur Dauer, zu den Jahrgangsstufen sowie ggf. zum benötigten Material gemacht:

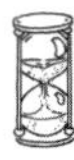 = Dauer

 = in Frage kommende Jahrgangsstufen

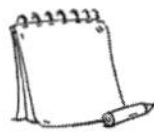 = Material, das über die normale Ausstattung wie Tafel, Papier, Stifte usw. hinaus benötigt wird

Es folgt eine Erläuterung des Tipps bzw. eine **Beschreibung** der Methode. Die Hinweise zur **Durchführung** wurden bewusst knapp gehalten, um eine rasche Handhabung zu ermöglichen. In vielen Fällen verdeutlichen konkrete **Beispiele** die Ausführungen.

Unter **„Weitere Hinweise"** finden sich ergänzende Informationen zum jeweiligen Tipp, aber auch Varianten oder Alternativen.

Mit einem Pfeil (→) wird auf Vorlagen im Anhang verwiesen.

Im **Register** am Buchende finden sich alle dargestellten Tipps und Methoden sowie die als Alternativen benannten Methoden (diese sind in den entsprechenden Abschnitten fett gedruckt) in alphabetischer Reihenfolge aufgelistet.

Viel Erfolg mit den 44 kreativen Wegen zur mündlichen Note Deutsch!

Stefan Schäfer

# 1 Grundlagen

## 1.1 Was mündliche Leistungen sind

Schulrechtlich wird der Begriff „mündliche Leistung“ in Deutschland nicht einheitlich verwendet. In einem weiteren Sinne umfasst der Begriff alle Leistungen, die nicht durch eine vorgegebene Anzahl angekündigter Klassenarbeiten bzw. Klausuren (d. h. den „schriftlichen Leistungen“ im engeren Sinne) erhoben wurden; es ist dann auch von „sonstigen Leistungen“ oder „sonstiger Mitarbeit“ die Rede (in manchen Bundesländern wird hier außerdem zwischen mündlichen und praktischen Leistungen differenziert). In diesem weiteren Sinne fallen also auch medial nicht mündliche Leistungen (wie z. B. die Heftführung, Hausaufgaben oder unangekündigte schriftliche Überprüfungen der Leistung) unter diesen Begriff.
Dieser erweiterte Begriffsinhalt soll in dieser Handreichung nicht ganz ausgeblendet werden; der Schwerpunkt liegt jedoch auf den mündlichen Leistungen im engeren Sinne, also jenen Leistungen, die auch medial mündlich sind (neben den Wortbeiträgen im Unterricht, also insbesondere auch Referate bzw. Präsentationen); solche Leistungen sind – wenn nicht ausdrücklich anders vermerkt – mit „mündlich“ denn auch stets gemeint.

## 1.2 Zur rechtlichen Situation

Wenn die mündliche Leistungsbewertung in die Notengebung einfließen soll, dann ist zu beachten, dass

- die für die Bewertung der Leistungen maßgebenden Kriterien den Schülern (und auf Verlangen auch den Eltern) mitzuteilen sind;
- das der Notengebung zugrunde gelegte Verhältnis zwischen schriftlicher und sonstiger Leistungen (etwa 2:1 oder 60:40) den Schülern (und auf Verlangen auch den Eltern) zu Schuljahresbeginn mitzuteilen ist;
- die Schüler regelmäßig über ihren mündlichen Leistungsstand (meist mindestens einmal pro Halbjahr) zu informieren sind.

Für mündliche Leistungsbewertungen besteht dabei keine Dokumentationspflicht in dem Sinne, dass ein Lehrer etwa ein Kurzprotokoll zum Beispiel über eine Schülerbefragung anzufertigen hätte. Sehr wohl aber muss der Lehrer in der Lage sein, Schülerleistungen näher zu beschreiben bzw. zu charakterisieren und Angaben zu den unterrichtlichen Voraussetzungen (insbesondere zu den Unterrichtsinhalten und den vorrangig praktizierten Unterrichtsverfahren und -methoden) zu machen.

## 1.3 Bewertungsbereiche festlegen

Nicht nur, um seiner Dokumentations- und Mitteilungspflicht besser nachkommen zu können (vgl. oben den Abschnitt „Zur rechtlichen Situation“), sondern auch, um für sich selbst mehr Transparenz zu schaffen, empfiehlt es sich, für jede Klasse vor Schuljahresbeginn eine Übersicht nach dem Muster auf der folgenden Seite anzulegen. Selbstverständlich sind die dort angeführten Prozentangaben relative Größen, die es je nach Lehrplananforderungen und Jahrgangsstufe anzupassen gilt: So könnte man etwa der Beteiligung am Unterricht zu Beginn der Sekundarstufe I, den vorbereiteten größeren Aufgaben dagegen in der Sekundarstufe II einen größeren Stellenwert beimessen. Auch muss natürlich nicht jede einzelne mündliche

Leistung erfasst werden, für bestimmte Bereiche (Vorlesen, Wiedergabe von Unterrichtsinhalten) können Poolnoten vergeben werden.

**Beurteilungsbereiche in der Übersicht (Muster):**

| Beteiligung am Unterricht | | | (un)vorbereitete größere Aufgaben | vorbereitete umfangreiche Aufgaben |
|---|---|---|---|---|
| **25 Prozent Reproduktion** | **25 Prozent Produktion** | **10 Prozent Transfer** | **15 Prozent** | **25 Prozent** |
| z. B. Wiedergabe von Unterrichtsinhalten, Beantwortung von Wissensfragen | z. B. Diskussionsbeiträge, weiterführende Fragen | z. B. Interpretation bzw. selbstständige Analyse, fachübergreifende Vergleiche | z. B. Zusammenfassung eines längeren Textes, Diskussionsleitung | z. B. Referat, Buchvorstellung, größere Rolle in einem szenischen Spiel |

Die Unterteilung der Unterrichtsbeteiligung in die Bereiche Reproduktion, Produktion und Transfer sollte dabei den Schülern in altersgerechter Form erläutert werden: Auch wenn ein Schüler sich bei einfachen Wiederholungs- bzw. Wissensfragen immer wieder meldet und diese gegebenenfalls auch korrekt beantwortet, ist seine mündliche Leistung noch nicht „gut". Den Schülern kann dabei angeboten werden, ihre mündlichen Noten durch freiwillige Beiträge zu verbessern.

## 1.4 Bewertungskriterien

Als Orientierung für die Leistungsfeststellung im Bereich Unterrichtsbeteiligung und der (un-) vorbereiteten größeren Aufgaben kann – unter Berücksichtigung des gesamten Lernentwicklungsverlaufs der Schüler – die folgende Übersicht dienen (zur Bewertung von Referaten, Buchvorstellungen und des Gesprächsverhaltens vgl. die Kopiervorlagen im Anhang, S. 57, 58, 62). Die Kriterien können dabei den Schülern mitgeteilt und in höheren Klassen gegebenenfalls auch mit ihnen diskutiert werden.
Für die Dokumentation der „Beteiligung am Unterricht" sollte man sich dabei ein Ziel setzen (etwa sechs Notierungen pro Schüler und Halbjahr).

| | Kriterien für die Leistungsfeststellung im Bereich Unterrichtsbeteiligung |
|---|---|
| **Note 1 (13–15 Punkte)** | □ sehr gute Unterrichtsvorbereitung<br>□ Stoff wird vollständig beherrscht und reflektiert (zumindest teilweise auch kontextübergreifend)<br>□ regelmäßige Mitarbeit in den Bereichen Reproduktion, Produktion und Transfer<br>□ regelmäßige Bereicherung des Unterrichts durch eigene Ideen<br>□ Beiträge sind sprachlich und stilistisch prägnant |
| **Note 2 (10–12 Punkte)** | □ gute Unterrichtsvorbereitung<br>□ Stoff wird vollständig beherrscht und – im Rahmen des jeweiligen thematischen Zusammenhangs – reflektiert<br>□ regelmäßige Mitarbeit in den Bereichen Reproduktion und Produktion sowie gelegentlich im Bereich Transfer<br>□ gelegentliche Bereicherung des Unterrichts durch eigene Ideen<br>□ Beiträge sind sprachlich und stilistisch angemessen (d. h. standardsprachlich sowie sach- und adressatenbezogen) |
| **Note 3 (7–9 Punkte)** | □ mit Unterrichtsvorbereitung<br>□ Stoff wird weitgehend (d. h. mit nur wenigen Lücken) beherrscht und – im Rahmen des jeweiligen thematischen Zusammenhangs – ansatzweise reflektiert<br>□ regelmäßige Mitarbeit in den Bereichen Reproduktion und Produktion<br>□ Beiträge sind sprachlich angemessen (weitestgehend standardsprachlich und sachbezogen) |
| **Note 4 (5–6 Punkte)** | □ mit gelegentlich unvollständiger oder nicht regelmäßiger Unterrichtsvorbereitung<br>□ Stoff wird im Großen und Ganzen (d. h. die Lücken gefährden nicht das Gesamtverständnis) beherrscht und – im Rahmen des jeweiligen thematischen Zusammenhangs – ansatzweise und auf einfachem Niveau reflektiert<br>□ regelmäßige Mitarbeit im Bereich Reproduktion sowie gelegentlich im Bereich Produktion<br>□ Beiträge sind meist sprachlich angemessen |
| **Note 5 (1–4 Punkte)** | □ mit häufig unvollständiger bzw. nicht erfolgter Unterrichtsvorbereitung<br>□ mit deutlichen Lücken im Stoff, die noch geschlossen werden könnten<br>□ gelegentliche Mitarbeit in den Bereichen Reproduktion und Produktion |
| **Note 6 (0 Punkte)** | □ keine oder nur seltene Unterrichtsvorbereitung<br>□ mit voraussichtlich nicht zu schließenden Lücken im Stoff<br>□ keine Mitarbeit in den Bereichen Reproduktion und Produktion (auch nicht nach Aufforderung) |

## 1.5 Besonderheiten des Faches Deutsch

Anders als in den meisten anderen Fächern ist im Fach Deutsch die Kompetenzentwicklung im Bereich Sprechen und Zuhören bzw. Kommunikation Teil des Lehrplans, was zunächst den Vorteil hat, dass das Mündliche hier einen breiteren Raum einnimmt und sich zahlreiche Möglichkeiten der Leistungsfeststellung und -bewertung eröffnen.
Zu bedenken ist dabei, dass es im Fach Deutsch nicht ausschließlich um die Anwendung der erworbenen Kompetenzen geht (wie in den modernen Fremdsprachen, in denen mündliche Kompetenzen ebenfalls vorgegebene Unterrichtsgegenstände sind), sondern auch um theoretisches Wissen in diesem Bereich. Das theoretische Wissen hat dabei im Wesentlichen drei Funktionen:

**Theoretisches Wissen als Grundlage der Analyse von Kommunikationssituationen**

Dies ist insbesondere der Fall bei der Beschäftigung mit Kommunikationsmodellen (meist nach Schulz von Thun, Paul Watzlawick et al. sowie Karl Bühler) und den Grundlagen der Gesprächsanalyse mit dem Ziel, konkrete Kommunikationssituationen zu beschreiben und dadurch auch einen erweiterten Zugriff auf literarische Texte und deren Interpretation zu bekommen (d. h. Kommunikation in literarischen Texten beschreiben). Das schließt zwar nicht aus, dass aus theoretischem Wissen mündliche Kompetenzen entstehen (Schüler also etwa ihr kommunikationstheoretisches Wissen nutzen, um ihre Absichten erfolgreicher auszudrücken und Missverständnissen entgegenzuwirken), überprüfen lässt sich der mündliche Anwendungsbezug allerdings nicht systematisch.

**Theoretisches Wissen als Mittel bei der Vermittlung mündlicher Kompetenzen**

Dies ist vor allem bei der Einführung der verschiedenen Präsentationstechniken (allen voran der Referate), aber auch bei weitgehend standardisierten Äußerungen (z. B. Feedback geben und empfangen oder einen Weg beschreiben) der Fall. Hier muss man zunächst wissen, wie man zum Beispiel eine Ich-Botschaft formuliert oder eine Präsentationsfolie gestaltet und einsetzt, und erst im zweiten Schritt dieses Wissen anwenden. Das bedeutet, dass auch das theoretische Wissen Teil der mündlichen Leistung ist und als solches auch bewertet werden kann.

**Theoretisches Wissen als Ersatz von mündlichen Leistungen**

Idealerweise werden Leistungen aus dem Kompetenzbereich „Sprechen und Zuhören“ mündlich bzw. in der konkreten Anwendung ermittelt und bewertet, tatsächlich ist dies nicht immer möglich. So fehlt beispielsweise einfach die Zeit, um 25 vorbereitete Diskussionen durchzuführen, um damit die Fähigkeiten aller 25 Schüler in einer Klasse als Diskussionsleiter zu ermitteln. In solchen Fällen wird man über Bewertungs- und Wissensfragen den Leistungsstand ermitteln. Das bedeutet, dass in manchen Fällen Klassenarbeiten (also schriftliche Leistungen) oder doch Teile davon in die mündliche Note einfließen.

## 1.6 Ziele der Leistungsfeststellung bestimmen

In der Mehrheit der Fälle werden Leistungsfeststellungen zur Notengebung durchgeführt. Objektivität und Transparenz werden dann die primären Ziele bei der Leistungsfeststellung und in der Folge der Bewertung sein. Sofern die ermittelten Noten keine Abschlussnoten darstellen bzw. in diese einfließen, sind sie zwar immer auch Hinweis auf den Förderbedarf der einzelnen Schüler wie der ganzen Klasse, in dieser Funktion allerdings nur wenig differenziert. Deshalb sollten Leistungsfeststellungen immer wieder auch durchgeführt werden, um sowohl

den individuellen Förderbedarf der Schüler als auch den der ganzen Klasse zu ermitteln. Es kommt dann weniger auf Transparenz als auf möglichst differenzierte Informationen und eine starke Einbindung der Schüler an.
Neben diesen grundlegenden Zielen bei der Leistungsfeststellung ergeben sich in der Praxis – und abhängig meist von bestimmten Lernergruppen – häufig folgende Schwierigkeiten: In manchen Klassen oder Kursen lassen sich nicht alle Schüler zur Mitarbeit motivieren, Einzelne haben vielleicht sogar Angst vor mündlichen Abfragen. In anderen Klassen (oder auch denselben) bietet der Stoff nur wenig Möglichkeiten, mündliche Leistungen abwechslungsreicher zu ermitteln, auch um damit unterschiedlichen Lerntypen gerecht zu werden. Auch solche Schwierigkeiten sollten Eingang in die Art der Leistungsfeststellung finden.
Aus dem Befund ergibt sich, dass sich manche Ziele bedingen und überschneiden, Letzteres zum Teil sogar mehrfach. So wird man beispielsweise mit dem Versuch, unterschiedlichen Lerntypen gerecht zu werden, vielleicht auch Ängste mancher mindern und die Bewertung zugleich objektivieren. Wenn also im Folgenden die verschiedenen Ziele unabhängig voneinander betrachtet werden, dann nur, um dadurch die Orientierung und damit Handhabbarkeit der Darstellung zu erleichtern.

### Leistungsfeststellung objektivieren und für die Förderung nutzen

Durch die Objektivierung der mündlichen Leistungsfeststellung werden drei Teilziele erreicht: Erstens die Objektivierung an sich, wie sie für eine gerechte Benotung und ggf. deren Begründung unabdingbar ist. Dieses Teilziel wird vor allem durch Methoden wie dem Lehrerfeedback (Tipp 2.2) und den Schüleraufgaben (Tipp 2.3) erreicht; für den Lehrer selbst ist hier auch die ICE-Methode (Tipp 2.1) eine gute Hilfe, die als einzige der hier aufgenommenen Methoden von der Lehrkraft auf sich selbst angewandt werden kann. Unabhängig von der ICE-Methode gilt hier insgesamt, dass eine kontinuierlichere und häufigere Bewertung der mündlichen Leistungen angestrebt werden sollte.
Zweitens die Transparenz, die zwar zur Objektivität beiträgt, aber nicht notwendig mit ihr zusammenfällt. Transparent wird die mündliche Leistungsfeststellung zunächst einfach dadurch, dass Bewertungskriterien offengelegt werden. Bewertungskriterien können aber auch mit den Schülern gemeinsam entwickelt (Tipp 2.4) bzw. von Schülern zur Anwendung gebracht werden (vgl. Tipp 2.5).
Eine größere Transparenz unterstützt dabei zugleich das dritte Teilziel, die gezielte Förderung. Dadurch erkennen die Schüler im Idealfall ihre Schwächen selbst und können daran arbeiten diese abzustellen bzw. zu vermindern. Schüler können deshalb immer wieder zur bewussten und reflektierten Selbsteinschätzung (Tipp 2.6) angehalten werden.

### Schüler zur Mitarbeit motivieren

Das Motivieren der Schüler bzw. das Aufrechterhalten ihrer häufig ohnehin vorhandenen Motivation ist bekanntermaßen ein äußerst komplexes Thema, das zudem von zahlreichen externen Faktoren (wie den Elternhäusern oder dem Schulklima insgesamt) abhängt. Im Bereich der mündlichen Leistungsfeststellung haben sich jedoch drei Bereiche herauskristallisiert, die dabei besonders hilfreich sind.
Erstens hat es sich bewährt, die Relevanz der mündlichen Mitarbeit für den eigenen Lernerfolg, aber auch für eine gute Benotung zu verdeutlichen. Die Schüler müssen wissen und immer wieder konkret erfahren, dass gute mündliche Leistungen gewürdigt werden und sich auch in der Note niederschlagen. Dies lässt sich schon einfach dadurch erreichen, dass bei der Notenbesprechung immer wieder mündliche Leistungen erwähnt und in die Begründung der Notengebung einbezogen werden (ein Schüler sollte, vereinfacht gesagt, seine Zeugnisnote nicht ohne Weiteres mit dem Schnitt seiner Klassenarbeiten gleichsetzen bzw. diese

„einfach“ daraus ableiten können, auch wenn natürlich im Schriftlichen gute Schüler oft auch mündlich gut mitarbeiten).
Zweitens gilt es, die individuellen Stärken der Schüler zu fördern. Einfachstes Mittel ist hier das Angebot an die Schüler, ihre Noten durch freiwillige Beiträge (vgl. z. B. Tipp 6.2 und 6.6) zu verbessern, wobei solche Beiträge selbstverständlich in Absprache mit der Lehrkraft entstehen müssen.
Drittens schließlich hat es sich bewährt, die mündliche Leistungsfeststellung abwechslungsreicher zu gestalten. Neben anderem (vgl. den nachfolgenden Teilabschnitt „Basis der mündlichen Leistungsfeststellung verbreitern“) geht es dabei auch darum, erstarrte Routinen aufzubrechen und bei den Schülern Neugier und Interesse zu wecken.

### Basis der mündlichen Leistungsfeststellung verbreitern

Eine Verbreiterung der Basis der mündlichen Leistungsfeststellung kann, im vorherigen Teilabschnitt wurde es bereits angesprochen, zunächst den Unterricht abwechslungsreicher und damit spannender machen. Eine sich – im extremsten Fall – immer wiederholende Befragung zu Stundenbeginn als Wiederholung wird aber nicht nur schnell langweilig, sondern lässt auch zahlreiche Kompetenzbereiche des Deutschunterrichts außer Acht und wird außerdem nur den Stärken bestimmter Schüler gerecht. Das heißt, dass eine entsprechende Verbreiterung der mündlichen Leistungsfeststellung dabei hilft, den individuellen Stärken aller Schüler besser gerecht zu werden und zugleich die mündliche Leistungsfeststellung zu objektivieren. Immer wieder könnte so der Lehrer – etwa auch als Alternative zu den gewöhnlichen vorbereiteten umfangreichen Aufgaben wie Referaten, Buchvorstellung und dergleichen – den Schülern anbieten, selbstgewählte kreative Beiträge für den Unterricht zu gestalten (mündlicher Leistungsnachweis durch sinnbetontes Vorlesen eines Textes, Interview mit einem Experten, Vertonung eines Gedichts, Gestalten einer Collage, ...). Man kann den Schülern hier durchaus Vorschläge unterbreiten, erfahrungsgemäß entwickeln die Schüler, lässt man ihnen die entsprechende Freiheit, aber auch von sich aus oft viele gute Ideen.

### Ängste mindern

Wie die Motivation ist auch die Angst mancher Schüler ein komplexes und außerdem wieder von zahlreichen externen Faktoren abhängiges Problemfeld. Im Bereich der mündlichen Leistungsfeststellung hat es sich als hilfreich erwiesen, den Einzelschüler durch Gruppeneinbindung zu entlasten. Das bedeutet aber nicht, dass der Einzelschüler aus dem Fokus geraten muss. So kann man etwa eine Methode wie das Abecedarium (Tipp 5.5), bei der die ganze Klasse beteiligt ist, sehr wohl auch durchführen, um dabei gezielt die Leistungen derjenigen Schüler in den Blick zu nehmen, von denen man weiß, dass sie außerhalb eines solchen Rahmens einfach zu nervös sind.
Versagensängste lassen sich außerdem mindern, wenn den Schülern bewusst ist, dass eventuelle schwächere mündliche Leistungen z. B. durch freiwillige Beiträge (vgl. dazu auch die Hinweise in den beiden vorherigen Teilabschnitten) auch wieder ausgeglichen werden können.

### Unterschiedlichen Lerntypen gerecht werden

Auch dieser Zielbereich der mündlichen Leistungsfeststellung korrespondiert mit anderen. Unterschiedlichen Lerntypen gerecht zu werden, kommt so in der Praxis der Verbreiterung der Basis der mündlichen Leistungsfeststellung gleich. Dass der Zielbereich gleichwohl eigens aufgeführt wird, hat einen pragmatischen Grund. Ein zentraler Kompetenzbereich im Deutschunterricht ist ja das „Sprechen **und** Zuhören“. Die Rede vom „Mündlichen“ lässt dabei aber das Zuhören zu leicht aus dem Fokus geraten, was umso problematischer ist, als das Zuhören als Fähigkeit immer weniger selbstverständlich wird und deshalb auch immer stärker gefördert und in den Blick genommen werden sollte (vgl. die Tipps 6.1 und 6.2).

Im alltäglichen Unterrichtsgeschehen sind es vor allem zwei Bereiche, die man als Lehrer stärker ins Bewusstsein nehmen kann:

- *inhaltlicher Bezug einer Antwort zur Frage:* Jeder kennt diesen Fall: Man stellt eine Frage und erhält möglicherweise von einem aufgerufenen Schüler auch eine Antwort, die vielleicht sogar ein tieferes Verständnis eines Problembereichs erkennen lässt; nur wird damit oft genug nicht die eigentliche Frage beantwortet, d. h. dass ein Schüler eine Frage als mehr oder weniger unverbindlichen Sprechanlass, wenn man so will: als thematischen Impuls, versteht. Auch wenn dadurch zweifellos eine mündliche Leistung erbracht wird, so kann dennoch überlegt werden, ob auch eine Leistung im Bereich des Zuhörens vorliegt.
- *Nachfragen bei Arbeitsanweisungen bzw. Erklärungen:* Auch dies kennt jeder: Man erteilt einen etwas komplexeren Arbeitsauftrag und wird dann entweder mit diversen Nachfragen konfrontiert („Welche Aufgabe?“, „Wo war das?“ usw.) und/oder es stellt sich bald heraus, dass einige Schüler den Arbeitsauftrag einfach falsch verstanden haben („Ach, und ich dachte, wir sollten …“).

Beide Fälle lassen sich kaum auf die monokausale Erklärung schlechtes Zuhören reduzieren. Ob und wie man auf solche Fälle reagiert, ist deshalb auch stark einzelfallabhängig. Wenn hier trotzdem ein Bewusstsein für diese Fälle angemahnt wird, dann aus umgekehrter Sicht: Das heißt, wenn also ein ansonsten recht stiller Schüler im Laufe des Schuljahres Fragen immer gezielt beantwortet und bei Arbeitsanweisungen bzw. Erklärungen (fast) nie nachfragt, kann man ihm zumindest ein gutes Zuhören bescheinigen und dies auch in die Bewertung der mündlichen Leistung einfließen lassen.

## 1.7 Methoden/Tipps und ihre Ziele in der Übersicht

| Ziele: / Methoden/Tipps: | LF* objektivieren, fördern | Beteiligung steigern | Schüler motivieren | Ängste mindern | Anderen Lerntypen gerecht werden |
|---|---|---|---|---|---|
| Abecedarium | | ● | ● | ● | |
| Aussagen visualisieren | | | | ● | ● |
| Ballstafette | | | ● | | |
| Begriffsakronym | | ● | | ● | |
| Begriffskreis | ● | | ● | ● | |
| Begriffe raten | | ● | | ● | |
| Beurteilungskriterien entwickeln | ● | | | | |
| Blitzlicht | | ● | ● | ● | |
| Buzz-Gruppen-Referat | | | ● | | |
| Drei-Schritt-Interview | | | | ● | |
| Entscheidungspyramide | | | ● | ● | |
| Erzählkette | | ● | ● | | |
| Erzählwerkstatt | | ● | ● | | |
| Experteninterview durchführen | | ● | ● | | ● |
| Expertenreferat | | | ● | ● | ● |
| Figurengespräch | | | ● | | ● |
| Fishbowl-Diskussion | | ● | | ● | |
| Grabbelsack | | ● | | ● | ● |
| Heißer Stuhl | ● | | ● | | |
| Hörverstehentest | | | | ● | ● |
| Hörtexte szenisch umsetzen | | | | | ● |
| ICE-Methode | ● | | | | |
| Ideenwettrennen | | | ● | ● | |
| Klassenfokussiert abfragen | | ● | | ● | |
| Kreative Gedichtpräsentation | | | ● | | ● |
| Kurzfristig vorbereitete Beiträge | ● | | | ● | ● |
| Lehrerfeedback | ● | | ● | | |
| Lostopf | ● | | ● | ● | |
| Meinungsbarometer | | ● | ● | ● | |
| Methode 6–3–5 | | | ● | ● | |
| Pantomime | | | ● | | ● |
| Rede halten | | | | | ● |
| Rollenbewerbung | | ● | | | ● |
| Rollenspiel | | | ● | | ● |
| Schreibgespräch | | ● | | ● | |
| Schüleraufgaben | ● | ● | ● | ● | |
| Schülerjury | ● | | | | |
| Selbsteinschätzungen | ● | | | | |
| Spiegelreferat | ● | ● | | | |
| Tauschbörse | ● | ● | ● | ● | |
| Texte szenisch präsentieren | | | | | ● |
| Twitterwall | | ● | ● | ● | ● |
| Vier-Ecken-Methode | | ● | ● | ● | |
| Wahr oder falsch | | ● | ● | ● | |

* LF = Leistungsfeststellung

# 2 Leistungsfeststellung objektivieren und für die Förderung nutzen

## 2.1 ICE-Methode

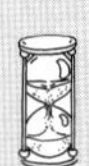 variabel  Klasse 5–12  Excel-Tabelle

### Beschreibung

Die ICE-Methode ist keine Methode für den Unterricht; sie soll vielmehr der Lehrkraft dabei helfen, die Bewertung der mündlichen Unterrichtsbeteiligung zu objektivieren und auch effizienter zu gestalten.

### Durchführung

Der Lehrer legt für jede Klasse eine Excel-Datei mit allen Schülern an, in die sehr regelmäßig (etwa wöchentlich) Noten für die mündliche Unterrichtsbeteiligung aller Schüler eingetragen werden. Die Notenvergabe erfolgt dabei – deshalb die Bezeichnung „ICE" – sehr zügig und ohne Reflexion, d. h. dass die Note einen intuitiven Eindruck der z. B. in einer Woche erbrachten Leistungen widerspiegelt. Auf diese Weise sollten pro Schüler und Halbjahr mindestens 15 Noten vergeben werden, deren Schnitt anschließend ermittelt wird.
Die Ermittlung von Noten nach dem ICE-Verfahren ist insofern objektiver als die Ermittlung über nur wenige Einträge pro Halbjahr, weil „Ausreißer" (z. B. wenn ein Schüler ausnahmsweise schlecht vorbereitet war) besser ausgeglichen werden können. Das Verfahren hat zudem den Vorteil, dass die Lernentwicklung der Schüler über das ganze Jahr besser erfasst und dokumentiert ist.

### Weitere Hinweise

- Die Methode geht von der Annahme aus, dass Intuition und Erfahrung dem Reflexionsprozess (in den ja notwendig auch immer subjektive Kriterien einfließen) annähernd gleichwertig sind. Die Anwendung der Methode setzt somit eine Grunderfahrung seitens des Lehrers voraus. Außerdem sollte die Intuition zumindest gelegentlich durch objektivere Bewertungen überprüft werden.
- Um zu verhindern, dass man sich von den bisher vergebenen Noten beeinflussen lässt, könnten diese abgedeckt bzw. die aktuellen Noten erst nachträglich in der Datei erfasst werden.
- Zur Anlage einer solchen Excel-Datei siehe: http://www.lehrerfreund.de/schule/1s/noten-excel/2603

## 2.2 Lehrerfeedback

 variabel  ab Klasse 5  Rückmeldebögen (siehe Anhang, S. 56)

### Beschreibung

Durch einen standardisierten Rückmeldebogen gibt der Lehrer den Schülern regelmäßig ein Feedback zum Stand der aktuellen Bewertung ihrer mündlichen Mitarbeit. Das Verfahren trägt zur Objektivierung der Leistungsbenotung bei: Zum einen wird so den Schülern deutlich, welche Aspekte in die Bewertung einfließen, zum anderen können die Schüler das Gespräch suchen, wenn sie sich grob falsch eingeschätzt fühlen. Darüber hinaus kann ein solcher Rückmeldebogen dazu beitragen, die Schüler zur weiteren bzw. verstärkten Mitarbeit zu motivieren.

### Durchführung

Der Lehrer füllt die Rückmeldebögen aus und verteilt sie in der Klasse. Es bietet sich an, dies regelmäßig und zu bestimmten Terminen zu tun, beispielsweise zur Mitte jedes Schulhalbjahres oder nach jeden Ferien (außer natürlich den Sommerferien). Divergiert die Selbsteinschätzung des Schülers stark von der der Lehrkraft, sollte der Schüler angehalten werden, mit dem Lehrer ein Gespräch zu suchen. Unter „ergänzende Bemerkungen" kann auf Leistungen eingegangen werden, die durch die allgemeinen Kriterien nicht erfasst werden (z. B. wenn ein Referat gehalten oder eine freiwillige Zusatzleistung erbracht worden ist); an dieser Stelle könnte der Lehrer außerdem konkrete Vorschläge unterbreiten, wie ein Schüler sich verbessern kann.

### Beispiel

→ Anhang, S. 56 (Vorlage): Rückmeldebogen zur Bewertung der mündlichen Unterrichtsbeteiligung

### Weitere Hinweise

- Es empfiehlt sich, am Beispiel eines Rückmeldebogens auch die Eltern (z. B. im Rahmen eines Elternabends) darüber zu informieren, wie die mündliche Bewertung in der jeweiligen Jahrgangsstufe zustande kommt.

## 2.3 Schüleraufgaben

 ab 2 Minuten  ab Klasse 5  keines

### Beschreibung

Mit Schüleraufgaben sind Aufgaben gemeint, die die Schüler selbst entwerfen und die im Unterricht sowohl zur Übung als auch zur Abfrage eingesetzt werden können. Schüleraufgaben entlasten nicht nur den Lehrer in mancherlei Hinsicht (von der Arbeitsentlastung bis zur Steigerung der Objektivität bei Abfragen), sondern nutzen auch den Schülern, die beim Erstellen der Aufgaben ihr Wissen festigen.

**Durchführung**

Das Verfahren Schüleraufgaben sollte lehrerseitig erklärt und könnte in einem festen Rahmen etabliert werden. Beispielsweise könnte immer zu Stundenbeginn eine wiederholende Schüleraufgabe gestellt werden. Das Erstellen der Schüleraufgabe sollte in der Regel Teil der Hausaufgabe sein (immer ein oder zwei Schüler werden verpflichtet, für die nächste Stunde eine Aufgabe zu erstellen, wobei genaue zeitliche und inhaltliche Vorgaben sinnvoll sind). Die Schüler, die die Aufgabe stellen, sollten die richtige Antwort bzw. die Lösung nicht nur kennen, sondern auch erläutern können.

**Beispiele**

Bei der Aufgabenart sind den Schülern an sich kaum Grenzen gesetzt, bewährt haben sich aber vor allem folgende Aufgabenarten:

- Dank Internet und „copy & paste" sind vor allem Rechtschreibaufgaben auch von Schülern sehr leicht zu erstellen: Auf den Websites von Zeitungen und Zeitschriften suchen sie nach thematisch entsprechenden Texten, kopieren sie in Textdateien und verändern sie (zum Beispiel indem sie die Satzzeichen entfernen, die Groß- durch Kleinschreibung ersetzen bzw. den gesamten Text in Großbuchstaben setzen, Lücken für bestimmte Laute einsetzen, ...). Auch viele Bereiche der Grammatik lassen sich durch solche Texte abfragen (z. B. Wortarten, Kasus oder Satzglieder bestimmen, Satzbaupläne erstellen, Aktiv-Passiv-Transformationen, Attributformen bestimmen, ...).
- Zu allen Stoffbereichen lassen sich Multiple-Choice-Abfragen oder inhaltlich zu ergänzende Lückensätze erstellen.

**Weitere Hinweise**

- Wurde das Verfahren Schüleraufgaben frühzeitig (Unterstufe) etabliert und arbeiten die Schüler entsprechend verantwortungsbewusst und zuverlässig, können auch mündliche Aufgaben und sogar umfangreichere Schreibaufgaben von den Schülern gestellt werden (beispielsweise um mit den wichtigsten Operatoren des Faches vertraut zu werden).

## 2.4 Beurteilungskriterien mit den Schülern entwickeln

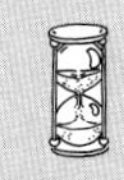 ab 10 Minuten  ab Klasse 5  keines

**Beschreibung**

Die Erarbeitung von Beurteilungskriterien für bestimmte Leistungen fördert nicht nur die Selbstreflexion der Schüler, sondern objektiviert die Lehrersicht und macht die Bewertung selbst transparenter.

**Durchführung**

Die Schüler erarbeiten in Gruppen Kriterien für die Beurteilung verschiedener Leistungs- bzw. Kompetenzbereiche und stellen diese im Plenum vor. Gemeinsam werden diese Kriterien besprochen und gegebenenfalls auch ergänzt, geordnet und gewichtet.

**Beispiele**

→ Anhang, S. 57 (Vorlage): Bewertungsbogen Referat

→ Anhang, S. 58 (Vorlage): Bewertungsbogen Buchvorstellung
→ Anhang, S. 62 (Vorlage): Bewertungsbogen Gesprächsverhalten

### Weitere Hinweise

- Zu den Kriterien für die Bewertung der mündlichen Mitarbeit bzw. Leistung siehe die Seiten 6 ff.

## 2.5 Schülerjury

 ab 5 Minuten  ab Klasse 7  keines

### Beschreibung

Eine Schülerjury kann zur Bewertung von umfangreicheren vorbereiteten Aufgaben eingesetzt werden und hilft dabei, die Lehrersicht zu objektivieren und die Bewertung transparenter zu gestalten.

### Durchführung

Anhand von zuvor im Unterricht besprochenen und als verbindlich definierten Kriterien bewertet eine Jury aus Schülern einen größeren vorbereiteten Beitrag eines Mitschülers, z. B. eine Buchvorstellung oder ein Referat. Dabei achtet jedes Mitglied der Jury auf je eines der festgelegten Kriterien besonders (d. h. die Zahl der Jury-Mitglieder entspricht der Zahl der Bewertungskriterien) und vergibt für diesen Bereich Punkte (beispielsweise von 1 = nicht gut bis 5 = sehr gut).
Anschließend kann dann die Bewertung verlesen und in der Klasse diskutiert werden (ca. 5 Minuten). Im Rahmen dieser Besprechung kann der Referent auch zu der Bewertung Stellung nehmen. Nicht äußern sollten sich dagegen die Jury-Mitglieder, deren Urteil von der Diskussion unberührt bleibt.
Selbstverständlich kann die Bewertung der Schülerjury für den Lehrer nicht bindend sein, doch zeigt sich in der Regel (und unter der Voraussetzung, dass die Jury-Mitglieder ihre Aufgabe ernst nehmen) eine große Übereinstimmung, die in der Folge das Lehrerurteil glaubwürdiger macht.

### Beispiel (Referat)

| | Vortragsweise | Medieneinsatz | Inhalt | Zuhörerorientierung | gesamt |
|---|---|---|---|---|---|
| Schüler 1 | 1 | 3 | 2 | 3 | = 2,25 |
| Schüler 2 | 2 | 4 | 1 | 3 | = 2,5 |
| Schüler 3 | 1 | 3 | 2 | 3 | = 2,25 |
| Schüler 4 | 1 | 4 | 3 | 2 | = 2,25 |
| gesamt | = 1,25 | = 3,5 | = 2,0 | = 2,75 | **= 2,375** |

**Weitere Hinweise**

- Die Jury-Mitglieder können entweder vom Lehrer bestimmt werden (zum Beispiel aus dem Kreis der Schüler, die bereits referiert oder ein Buch vorgestellt haben) oder, was erfahrungsgemäß bei den Schülern zu einer höheren Akzeptanz führt, von den Schülern gewählt werden (jeder Schüler notiert auf einem Zettel drei Schüler, die er gerne in der Jury sehen möchte).
- Die Methode setzt eine gewisse Reife voraus und sollte nur eingesetzt werden, wenn sicher ist, dass die Jury-Mitglieder ihre Aufgabe auch ernst nehmen.
- Statt ihre Bewertung nur zu verlesen, könnte die Schülerjury gehalten werden, ihre Bewertung zusätzlich nicht nur zu begründen, sondern auch mit konkreten Verbesserungsvorschlägen zu verknüpfen. In diesem Fall könnte auch die Jury-Arbeit lehrerseitig bewertet werden.
- Um die Jury von einem möglichen Druck der zu bewertenden Schüler zu entlasten, kann sie auch nur Auswahlentscheidungen treffen (z. B. das beste Referat der Woche wählen): Sie fällt dann in jedem Fall ein positives Urteil.

## 2.6 Tipp: Selbsteinschätzungen

 3 Minuten  ab Klasse 5  keines

**Beschreibung**

Die Selbsteinschätzung ihrer Leistungen durch die Schüler dient vor allem der Ermittlung des Förderbedarfs. Es kommt hinzu, dass man an Schwächen, die man selbst erkannt hat, bereitwilliger zu arbeiten bereit sein wird. Gleichzeitig trägt die Selbsteinschätzung der Schüler dazu bei, die Lehrersicht zu objektivieren.

**Durchführung**

Die Schüler bekommen in regelmäßigen Abständen (z. B. jeweils in der letzten Woche vor den Ferien) einen Selbsteinschätzungsbogen und füllen ihn aus. Dabei sind drei Varianten sinnvoll:

- Die Schüler behalten den ausgefüllten Bogen und arbeiten selbstständig an den erkannten Defiziten.
- Die Schüler geben den ausgefüllten Bogen anonym ab: An Defiziten, die sich in der ganzen Klasse zeigen, wird dann gemeinsam gearbeitet (etwa am Gesprächsverhalten oder dem mündlichen Argumentieren).
- Die Schüler geben den ausgefüllten und mit Namen versehenen Bogen ab: Der Lehrer kann dann überprüfen, ob die eigene Einschätzung mit der der Schüler übereinstimmt und bei deutlichen Differenzen ein Gespräch mit den Schülern suchen.

**Beispiele**

→ Anhang, S. 59 (Vorlage): Selbsteinschätzung meiner mündlichen Unterrichtsbeteiligung
→ Anhang, S. 63 (Vorlage): Bewertungsbogen Gruppenarbeit
→ Anhang, S. 62 (Vorlage): Bewertungsbogen Gesprächsverhalten

# 3 Schüler zur Mitarbeit motivieren

## 3.1 Ballstafette

 5 Minuten

 Klasse 5 und 6

 ein handballgroßer Gummi- oder Schaumstoffball

**Beschreibung**

Mithilfe einer Ballstafette kann eine Stoffwiederholung abwechslungsreicher gestaltet werden. Durch das in der Stafette enthaltene spielerische Element werden Schüler zugleich zur Mitarbeit motiviert.

**Durchführung**

Die Schüler sitzen im Kreis. Der Lehrer wirft einem Schüler den Ball zu. Der Schüler, der den Ball zugeworfen bekommen hat, sagt ein oder zwei Sätze zu einem Aspekt der letzten Unterrichtsstunde und wirft danach den Ball einem Mitschüler seiner Wahl zu, der daraufhin ebenfalls einen kurzen Wiederholungsbeitrag leistet. Der Ball wird dann entsprechend immer weiter zu anderen Schülern geworfen, die den Ball noch nicht hatten. Die Ballstafette wird abgebrochen, wenn alle wesentlichen Unterrichtsinhalte der vorherigen Stunde wiederholt wurden (es müssen also nicht jedes Mal alle Schüler drankommen).

**Weitere Hinweise**

- Um schwache und schüchterne Schüler zu entlasten, könnten statt Wiederholungsbeiträgen sowohl Aussagen über Verständnislücken (z. B.: „Ich glaube, ich habe X noch nicht so genau verstanden.“) als auch Fragen an die Inhalte der letzten Stunde zugelassen werden.
- Eine Variante der Ballstafette stellt das **Kettenquiz** dar: Die Schüler sitzen in einem Kreis. Der erste Schüler stellt seinem linken Sitznachbarn eine Frage, die dieser zunächst beantwortet und danach wiederum seinem linken Sitznachbarn eine Frage stellt. Das setzt sich so lange fort, bis der Schüler, der die Kette begonnen hat, von seinem rechten Sitznachbarn eine Frage gestellt bekommt.

## 3.2 Klassenfokussiert abfragen

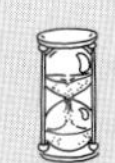 15 Minuten (Vorbereitungszeit)

 ab Klasse 9

 Papierzettel in DIN A7

**Beschreibung**

Klassenfokussierte Abfragen bieten sich bei Wissenskontrollen und vielen Übungen an. Dadurch dass die ganze Klasse und vorderhand keine einzelnen Schüler mehr im Fokus der Lehrkraft stehen, kommen manche Ängste (sich etwa vor der Klasse zu blamieren) erst gar nicht auf. Durch klassenfokussierte Abfragen wird außerdem Langeweile reduziert, was wiederum zur Motivation beiträgt.

**Durchführung**

Die Schüler haben vor der Stunde Zettel der Größe DIN A7 (halbe Postkartengröße) erhalten (bzw. sich zuvor selbst zurechtgeschnitten).
Der Lehrer prüft den Wissensstand, indem er entweder Entscheidungs- oder Ergänzungsfragen stellt, die auf eine kurze Antwort zielen (siehe „Beispiele"). Die Schüler schreiben ihre Antworten auf einen ihrer Zettel und halten ihn auf ein Stichwort des Lehrers hoch, sodass der Lehrer die Antworten aller Schüler im Blick hat und prüfen kann.

**Beispiele**

Die Methode kann alle Ankreuz- oder Einsetzübungen ersetzen und bietet sich insbesondere an in den Bereichen:

- Rechtschreibung: mit s, ss oder ß? – mit i, ih oder ie? – groß oder klein? – getrennt oder zusammen? – …
- Grammatik: Akkusativ oder Dativ? – Objekt oder Subjekt? – Adjektiv oder Adverb? – Possessiv- oder Personalpronomen? – …
- Text- und Sprachwissen: Jambus oder Trochäus? – auktorialer oder neutraler Erzähler? – Vergleich oder Personifikation? – Sage oder Fabel? – Kommt die Aussage X im Text vor oder nicht? – …

**Weitere Hinweise**

- Es ist empfehlenswert, sich bei jeder klassenfokussierten Abfrage auf drei bis vier Schüler (z. B. die zurückhaltenden, die sich sonst bei Fragen normalerweise nicht melden), zu konzentrieren und ihre Antworten im Anschluss an die Abfrage dann auch zu bewerten.
- Selbstverständlich kann diese Methode nicht auf alle Gegenstände des Deutschunterrichts übertragen werden, doch lässt sie sich – zumal mit etwas Fantasie – häufiger anwenden, als dies in der Regel geschieht.
- Klassenfokussierte Abfragen haben nicht nur den Vorteil, dass alle Schüler aktiv in das Unterrichtsgeschehen eingebunden sind, sondern sie reduzieren auch Störungen und Unaufmerksamkeiten.
- Das sogenannte **Ampelspiel** stellt eine vereinfachte Variante der klassenfokussierten Abfrage dar: Die Schüler erhalten jeweils drei farbige Karten (grün = Zustimmung, rot = Ablehnung, gelb = unentschieden, Gesprächsbedarf, Frage), mit denen sie auf Aussagen reagieren können (etwa auch als Feedback zu einem Referat).

## 3.3 Twitterwall

 15 Minuten Vorbereitungszeit  ab Klasse 9

 Beamer mit internetfähigem Rechner oder interaktives Whiteboard; hinlänglich viele Schüler-Smartphones

**Beschreibung**

Unter einer Twitterwall („Zwitscherwand") versteht man eine Projektion mit Kurznachrichten (Tweets) der Anwendung Twitter, die gelegentlich bei Diskussionsveranstaltungen verwendet wird und der Publikumseinbindung dient.

Im Unterricht könnte eine Twitterwall ebenfalls größere Diskussionen bzw. Debatten, aber auch Referate oder längere (arbeitsteilige) Gruppenarbeitsphasen begleiten.

### Durchführung

Vorbereitend informiert der Lehrer die Schüler über die geplante Arbeitsmethode, d. h. er erklärt die Verfahrensweise und informiert die Schüler über den vorbereiteten Hashtag sowie die Zugangsdaten zur Plattform.
Je nach Einsatzart können die Schüler aufgefordert werden, entweder einzeln, in Teams oder Gruppen Tweets mit Fragen, Hinweisen oder Ideen zu versenden, die dann über einen Monitor als Twitterwall projiziert werden. Dabei sollten jeweils sowohl zum Inhalt der Tweets als auch zur Anzahl (z. B. mindestens ein, maximal drei Tweets pro Schüler) genaue Vorgaben gemacht werden. Bewertet werden die Tweets.

### Beispiele

- Die Schüler erarbeiten arbeitsteilig in Gruppen eine Epoche (wichtigste Vertreter und ihre Hauptwerke, poetologisches Konzept, geistesgeschichtliche Grundlagen, historischer Kontext, ...) und formulieren dazu weiterführende Fragen. Nach der Gruppenarbeit werden zunächst die erarbeiteten Ergebnisse präsentiert, dann die Twitterwall mit den Fragen eingeblendet: Gemeinsam wird besprochen, welche Fragen sich vielleicht schon geklärt haben und auf welche Fragen wie eine Antwort gefunden werden kann.
- Schülergruppen folgen einer **Fishbowl-Diskussion** und formulieren Tweets zu weiteren Argumenten und Beispielen (Belegen). Die Beteiligten an der Diskussion können auf die Tweets zurückgreifen. Alternativ könnten die Tweets zunächst gesammelt und erst im Anschluss an die Diskussion angezeigt werden. Die Diskussionsteilnehmer oder ggf. der Moderator können dann zu ausgewählten Tweets Stellung nehmen.

### Weitere Hinweise

- Die Twitterwall hat vor allem motivierenden Charakter, denn die Funktionen der Tweets können auch gut durch analoge Notizen (im Beispiel der **Fishbowl-Diskussion** z. B. auf der Tafel oder einem Flipchart) erfüllt werden.
- Eine Variante stellt die moderierte Twitterwall dar, bei der eine vorher zu bestimmende Redaktionsgruppe zwar alle ankommenden Tweets sammelt, aber nur eine Auswahl davon als Einblendung auf der Twitterwall zulässt (z. B. bei der Diskussionsrunde). Diese Variante sichert nicht nur die Qualität der Twitterwall, sondern erlaubt auch eine Bewertung der Redaktionsgruppe.

## 3.4 Begriffe raten

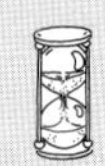

5 Minuten

Klasse 5–7

vorbereitete Spielkarten mit Begriffen und Tabuwörtern

### Beschreibung

Das Raten von Begriffen ist eine spielerische Form der Abfrage und der Wiederholung. Dadurch, dass das Erläutern des zu erratenden Begriffs durch bestimmte „Tabuwörter" erschwert wird, werden nicht nur die spielerische Komponente und damit der motivierende Charakter verstärkt, sondern die Schüler werden auch von Versagensängsten entlastet.

### Durchführung

Der Lehrer bereitet Karten vor, auf denen der zu erklärende Begriff ebenso notiert ist wie diejenigen Wörter, die man bei der Erklärung nicht verwenden darf (das sind die „Tabuwörter"). Die Karten werden verdeckt abgelegt (zum Bespiel in die Mitte eines Stuhlkreises). Ein Schüler zieht eine Karte und erklärt den darauf notierten Begriff, ohne die entsprechenden Tabuwörter zu verwenden. Die anderen Schüler versuchen, den Begriff zu erraten. Verwendet der erklärende Schüler ein Tabuwort oder wird der Begriff von den anderen Schülern erraten, wird die Karte weggelegt und der nächste Schüler nimmt eine neue Karte.

### Beispiele

Zu beachten ist, dass die Tabuwörter für den erklärenden Schüler zugleich eine Sachinformation darstellen sollte, durch die sichergestellt ist, dass dieser den Begriff auch richtig versteht.

- ***Begriff***: Akkusativobjekt – ***Tabuwörter:*** Akkusativ, 4. Fall, Objekt, Ergänzung, Satzglied – mögliche Erklärung: Der Begriff bezeichnet einen Teil eines Satzes: Der Teil des Satzes ist weder Subjekt noch Prädikat. Man fragt danach mit „Wen?" oder „Was?".
- ***Begriff***: Fabel – ***Tabuwörter:*** Textsorte, Tier(e), Lehre, La Fontaine – mögliche Erklärung: Der Begriff bezeichnet eine besondere Form von kurzen Geschichten. Die Figuren, die in den Geschichten vorkommen, sind aber nie Menschen. Aus den Geschichten kann man etwas über die Menschen und ihr Verhalten lernen.
- ***Begriff:*** Jambus – ***Tabuwörter:*** Metrum, Hebung, betont, zweite Silbe – mögliche Erklärung: Der Begriff bezeichnet eine Besonderheit beim lauten Lesen von Gedichten, die zum Rhythmus des Gedichtes beiträgt. Regelmäßig wird dabei ein Wort oder ein Wortteil etwas lauter und deutlicher gesprochen, und zwar in der Reihenfolge: weniger laut und deutlich, dann lauter und deutlicher, wieder weniger laut und deutlich, dann wieder lauter und deutlicher usw.

### Weitere Hinweise

- Viele Begriffe lassen sich auch einfach durch Beispiele erläutern (z. B. Der Text „Der Wolf und das Lamm" gehört zu der gesuchten Art von Geschichte.). Es ist deshalb sowohl grundsätzlich (z. B. könnte man in Klasse 5 Beispiele zulassen, nicht aber in den Klassen 6 und 7) als auch fallweise zu überlegen, ob man Beispiele zulässt oder nicht (z. B. beim Begriff „Fabel" nicht, beim Begriff „Jambus" dagegen schon; sind Beispiele erlaubt, wäre das auf der Karte zu vermerken).

- Wenn der Lehrer nicht selbst über den korrekten Ablauf des Spiels wachen will, kann er damit auch eine Spielleitung aus Schülern (bis zu drei) betrauen: Der erklärende Schüler muss dann entweder seine Karte an die Spielleitung weiterreichen oder sich so zur Spielleitung setzen, dass diese die Tabuwörter lesen kann.
- Wenn man dem Spiel einen Wettbewerbscharakter geben möchte, können zwei Mannschaften gebildet werden, die gegeneinander antreten. Die für das Erraten des Begriffs zur Verfügung stehende Zeit kann dann auch begrenzt werden.

## 3.5 Tauschbörse

| | | | | | |
|---|---|---|---|---|---|
|  | 10–20 Minuten |  | ab Klasse 7 |  | rotes und grünes Papier (Postkartengröße), Pinnwand |

**Beschreibung**

Bei der Tauschbörse geht es zunächst um einen Wissensaustausch zwischen den Schülern, zugleich aber – und oftmals wichtiger – lassen sich mithilfe der Methode Wissens- bzw. Fähigkeitslücken erkennen und so der Förderbedarf von Einzelnen, aber auch der Gruppe insgesamt erkennen.

**Durchführung**

Zu einem vorgegebenen Thema notiert jeder Schüler einen Aspekt, den er besonders gut beherrscht, auf einen grünen Zettel (= „Biete“) und einen Aspekt, über den er gerne mehr wissen möchte bzw. den er noch nicht verstanden hat, auf einen roten Zettel (= „Suche“). Nun verlassen die Schüler ihre Plätze und gehen im Klassenzimmer umher, wobei ihre Zettel gut lesbar sein sollten, und suchen sich einen oder zwei Gesprächspartner (auch bei gerader Schülerzahl können durchaus Dreiergruppen erlaubt werden) mit dem Ziel, Antwort auf ihre „Suche“ zu bekommen. Die Schüler tauschen sich untereinander aus und suchen sich dann gegebenenfalls weitere Gesprächspartner.
Nur in den seltensten Fällen werden sich dabei Wissensangebot und -nachfrage vollständig decken. Aber auch Schüler, die nur erklären, profitieren von der Methode, wird durch die Erklärung doch ihr Wissen auch gefestigt. Für die Tauschphase müssen lehrerseitig klare Verhaltensregeln aufgestellt und natürlich von den Schülern auch eingehalten werden: Wichtig ist vor allem, dass die Suche selbst absolut still verläuft und die Wissensgespräche leise geführt werden. Im Idealfall teilt man das Klassenzimmer in einen „Markplatz“ (d. h. eine freie Fläche, auf der die Schüler umhergehen und sich einen Gesprächspartner suchen) und einen Arbeitsplatz (haben sich Schüler gefunden, können sie sich an einen Tisch setzen und sich dort austauschen).
Nach der Tauschphase werden alle Zettel an eine Pinnwand geheftet, und zwar unter drei Rubriken:

- „Gesucht und gefunden“: Hier werden passende grüne und rote Zettel angeheftet, das heißt man sieht bzw. kann nachvollziehen, wo es zu einem Austausch gekommen ist.
- „Ungenutzte Angebote“: Hier werden die grünen Zettel angeheftet, für die es keine Nachfrage gab, das heißt man sieht, welche Aspekte des Stoffes sicher beherrscht werden.
- „Offene Gesuche“: Hier werden die roten Zettel angeheftet, für die es kein Angebot gab, das heißt man erkennt den Nachhol- bzw. Förderbedarf.

### Beispiele

Eine Tauschbörse bietet sich vor allem bei größeren Stoffgebieten an:

- Sprachbereich: Grammatik, Rechtschreibung, Kommunikation
- Analyse literarischer Texte: Erzähltechnik, Formelemente der Lyrik (Metrum, Reimformen, rhetorische Figuren, ...), Textsorten und Genres
- Epochenwissen

### Weitere Hinweise

- Die Tauschphase sollte in jedem Fall zeitlich eingegrenzt sein (z. B. zehn Minuten). Wie lange man dabei die Tauschphase anlegt, ist natürlich vom konkreten Unterrichtsziel, das mit der Methode verknüpft wird, abhängig: Geht es in erster Linie um die Ermittlung des Förderbedarfs, kann die Tauschphase auf wenige Minuten beschränkt bleiben.
- Der Tausch könnte mit einer Weitergabe der roten Zettel verbunden werden: Wer einem Mitschüler eine Frage beantwortet hat, erhält von diesem dessen rote Karte; auf diese Weise können leistungsstarke Schüler Zettel sammeln, was ihre Motivation als „Erklärer" steigert.
- Geht es vor allem um den individuellen Förderbedarf, sollten die Zettel namentlich gekennzeichnet werden.

## 3.6 Grabbelsack

### Beschreibung

Die Arbeit mit dem Grabbelsack fördert die Kreativität und schafft neue inhaltliche Zugänge. Sie erhöht außerdem die Unterrichtsbeteiligung und hat motivierenden und Ängste nehmenden Charakter.

### Durchführung

Ein Grabbelsack wird von den Schülern nach thematischer Vorgabe mit Gegenständen befüllt. Im Unterricht wird ein Stuhlkreis gebildet und der befüllte Sack in die Mitte gestellt. Jeder Schüler entnimmt der Reihe nach blind dem Sack einen Gegenstand, zu dem er dann mit Bezug zum Thema assoziiert. Der Lehrer kann ggf. die Assoziationen stichwortartig an der Tafel festhalten. Anschließend könnte gemeinsam versucht werden, die verschiedenen Assoziationen zu strukturieren (etwa als **Mindmap**).

### Beispiele

- Ideenfindung bei Schreibaufgaben (insbesondere bei Erlebniserzählungen und Fantasiegeschichten)
- Texterschließung (bei der Lektüre eines Jugendbuches als Ganzschrift): Die Schüler suchen für den Grabbelsack Gegenstände, die ihrer Meinung nach zum Buch passen (z. B. weil sie im Buch vorkommen oder für ein Thema oder einen wichtigen Motivbereich stehen).

- Themenerschließung (etwa in der Vorbereitung auf eine Erörterungs- und/oder Diskussionsfrage)

**Weitere Hinweise**

- Die Methode kann in Klasse 5 auch als Kennenlernspiel eingesetzt werden: Der Schüler greift dann in den Sack, macht einige Angaben zur Person (Name, Wohnort, Hobbys, …) und stellt dann einen Bezug zwischen dem Gegenstand und seinem Leben her (Leitfragen: „Was fällt mir zum Gegenstand ein?", „Passt der Gegenstand zu einer Eigenschaft von mir?", „Für was in meinem Leben könnte der Gegenstand ein Sinnbild sein?").
- Die Schüler könnten gehalten werden, (als Hausaufgabe) schriftlich zu begründen, weshalb sie sich für einen bestimmten Gegenstand zu einem Thema entschieden haben. Die schriftlichen Begründungen könnten ggf. vorgelesen werden, nachdem der Gegenstand gezogen und zu ihm assoziiert worden ist.
- Als Variante könnten die Schüler die aus dem Grabbelsack genommenen Gegenstände gut sichtbar vor sich legen und alle Schüler gemeinsam zum jeweiligen Gegenstand assoziieren.

## 3.7 Lostopf

10–15 Minuten

ab Klasse 7

festeres Papier in kleinem Karteikartenformat (DIN A7), ein „Lostopf" (z. B. ein einfacher Stoffbeutel)

**Beschreibung**

Grundidee der Methode des Lostopfes ist es, alle Schüler aktiv an der Wiederholung und Strukturierung von erarbeiteten Inhalten zu beteiligen. Zugleich lassen sich mithilfe der Methode Wissenslücken und somit der entsprechende Förderbedarf erkennen.

**Durchführung**

Es werden Gruppen zu jeweils vier oder fünf Schülern gebildet. Innerhalb der Gruppe wird pro Gruppenmitglied ein Schlüsselbegriff zu einem vorgegebenen Thema gesucht und auf eine Karte geschrieben. Nach dem Ablauf der dafür vorgesehenen Zeit (drei bis fünf Minuten) sammelt der Lehrer alle Karten ein und legt sie in den Lostopf.
Anschließend zieht jeder Schüler eine Karte und erläutert den jeweils gezogenen Begriff kurz in seinem Zusammenhang zum Thema. Kann ein Schüler den Begriff nicht erläutern, hilft ihm ein Schüler aus dem Plenum. Wird ein Begriff falsch oder unvollständig erläutert, bittet der Lehrer um Ergänzung oder Korrektur aus dem Plenum. Bereitet ein Begriff der ganzen Klasse Schwierigkeiten, nimmt der Lehrer die Karte an sich und wiederholt den entsprechenden Stoff entweder sofort im Anschluss an den Lostopf oder in einer der folgenden Stunden.

**Beispiele**

Das Verfahren kann zum Abschluss nahezu aller Unterrichtsequenzen eingesetzt werden (z. B. ein, zwei Stunden vor einer anstehenden Klassenarbeit). Insbesondere eignet es sich auch gut zur Wiederholung von Lektüre-Stoff.

**Weitere Hinweise**

- Um zu verhindern, dass ein Begriff nicht nur mehrfach, sondern sogar sehr oft notiert wird und entsprechend oft erläutert werden muss, können den Gruppen jeweils Teilaspekte eines Themas zugewiesen werden. Kommt ein Begriff gleichwohl mehrfach vor, spiegelt das zunächst seine Bedeutung für das Thema. Es können dann bereits getätigte Aussagen paraphrasiert oder ergänzt (etwa um neue Beispiele) werden.
- Im Anschluss an den Lostopf kann mit den Begriffskarten weitergearbeitet werden, etwa indem gemeinsam versucht wird, die verschiedenen Begriffe zu strukturieren (etwa als **Mindmap**).
- Als Variante des Lostopfes kann das Verfahren **Schatzkiste** betrachtet werden: Auf einem großen Papier (Plakatgröße), in dessen Mitte eine große Schatzkiste aufgemalt werden kann, schreiben die Schüler ihre „Schätze" (nämlich das, was sie gelernt haben) auf und erläutern sie gegebenenfalls auch mündlich.

## 3.8 Begriffskreis

 20–25 Minuten  ab Klasse 7  Notizzettel bzw. Papierstreifen

**Beschreibung**

Das Ziel eines Begriffskreises ist es, alle Schüler aktiv an der Wiederholung, Erarbeitung oder Strukturierung von (erarbeiteten) Inhalten zu beteiligen. Im Austausch mit anderen können ggf. zudem Unklarheiten oder Fragen geäußert und besprochen werden.

**Durchführung**

Die Schüler notieren zu einem Thema zentrale Begriffe auf Papierstreifen (z. B. zwei oder drei Begriffe pro Schüler). Anschließend stellen sich die Schüler in einem Kreis auf; jeder Schüler legt vor sich die von ihm beschrifteten Papierstreifen. Nacheinander erklären die Schüler, wieso der von ihnen notierte Begriff (bzw. das Schlüsselwort) für das Thema wichtig ist. Es ist dabei überhaupt nicht problematisch, wenn einzelne Begriffe mehrfach zur Sprache kommen, da die Schüler auch unterschiedliche Zugänge zum Begriff bzw. zum Thema haben können. Nach der Vorstellung der Begriffe können die Papierstreifen auf einem großen Plakat mit dem Thema in der Mitte zu einer **Mindmap** geordnet werden. Die Schüler diskutieren verschiedene Anordnungsmöglichkeiten. Wenn alle mit der Anordnung zufrieden sind, können die Papierstreifen aufgeklebt werden.

**Beispiele**

- Begriffskreise eignen sich gut zur Erschließung sowohl von literarischen als auch von Sachtexten: Die Schüler lesen den jeweiligen Text und notieren dazu die aus ihrer Sicht zentralen Begriffe (zum Inhalt, zur Wirkung des Textes, zur Intention, zur Deutung, …).
- Mithilfe eines Begriffskreises kann auch Vorwissen aktiviert werden; ein Begriffskreis könnte entsprechend auch als Einstieg in ein Thema (z. B. vor einer größeren Diskussion oder einer Erörterung) durchgeführt werden.
- Zur Wiederholung kann das Verfahren zum Abschluss nahezu aller Unterrichtsequenzen eingesetzt werden (z. B. ein, zwei Stunden vor einer anstehenden Klassenarbeit).

### Weitere Hinweise

- Die Methode des Begriffskreises kann auch gezielt zur Ermittlung des Nachhol- bzw. Förderbedarfs eingesetzt werden: In diesem Fall notieren die Schüler Begriffe zu Inhalten, zu denen sie noch Fragen haben bzw. bei denen sie sich noch unsicher fühlen.
- Wird ein Begriffskreis zur Erschließung von Texten eingesetzt, können die Schüler auch ihnen unbekannte Wörter bzw. die Wörter, bei deren Bedeutung sie sich nicht ganz sicher sind, notieren. Zu diesen Wörtern sollten die Schüler im Kreis dann Annahmen über deren mögliche Bedeutung entwickeln und würden jeweils ein Feedback von ihrer Klasse erhalten.

## 3.9 Buzz-Gruppen-Referat

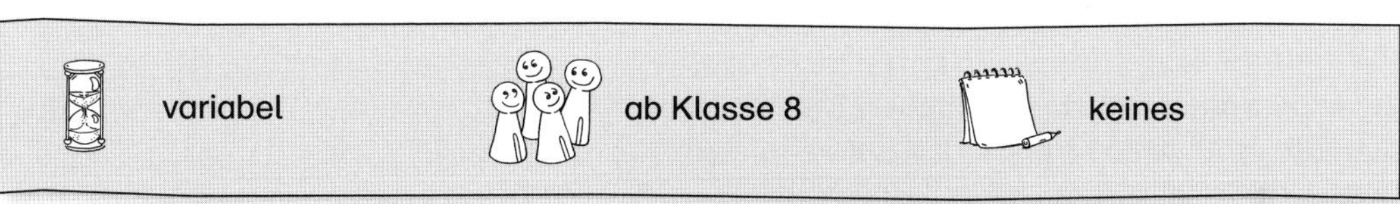


### Beschreibung

Das Buzz-Gruppen-Referat zählt zu den interaktiven Referatsformen und wird angewandt, um einerseits eine größere Nachhaltigkeit des referierten Stoffs zu sichern und um andererseits die Zuhörer – nicht zuletzt in der Oberstufe – stärker in den Referatsprozess einzubinden.

### Durchführung

Das Referat wird vom Referenten wie ein normales Referat vorbereitet und dann in mehreren Teilen vorgetragen. In jeder Referatspause arbeiten die Zuhörer in „Buzz"-Gruppen (zu zweit oder zu dritt): Sie fassen die Hauptaspekte des bisher Gesagten kurz zusammen. Der Referent kann während der Gruppenarbeit herumgehen, Fragen beantworten und / oder Aspekte sammeln, die er später kommentieren möchte.

### Weitere Hinweise

- Zu den interaktiven Referatsformen vgl. auch die Hinweise zum **Spiegelreferat** (4.7) sowie zum **Expertenreferat** (5.7).
- Zur Beurteilung von Referaten vgl. im Anhang die Vorlage „Bewertungsbogen Referat", S. 57.

## 3.10 Fishbowl-Diskussion

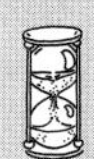 variabel  ab Klasse 7  keines

### Beschreibung

Die Fishbowl-Methode (engl. *fishbowl* „Aquarium") gehört zu den Gruppengesprächsformen. Ziel der Methode ist es, durch aktives Diskutieren sowie durch Beobachtung Strategien zu entwickeln, wie man überzeugend und fair diskutiert. Zugleich werden alle Schüler in den Arbeitsprozess eingebunden.

### Durchführung

Zu einem vom Lehrer vorgegebenen Thema werden Pro- und Kontra-Gruppen gebildet. Die Gruppen erarbeiten möglichst viele Argumente und bestimmen einen Sprecher. Um einen freien Stuhl in der Mitte herum nehmen die Gruppensprecher Platz. Alle übrigen Schüler bilden um die Mitte herum einen äußeren Stuhlkreis. Die Gruppensprecher in der Mitte diskutieren nun stellvertretend für die Gesamtgruppe über das strittige Thema. Während der Diskussion haben alle Schüler der Außenrunde jederzeit die Möglichkeit, sich auf den freien Stuhl in der Mitte zu setzen; sie erhalten dann sofortiges Rederecht und kehren nach ihrem Redebeitrag in den Außenkreis zurück. Nach der Diskussion sollte das Diskussionsverhalten bewertet werden.

S S S S S S S

S GS GS S

S M FS S

S GS GS S

S S S S S S S

S = Schüler GS = Gruppensprecher

M = Moderator FS = Freier Stuhl

### Beispiele

Beispiele für Diskussionsthemen:

- Sollten Schüler auch ihre Lehrer benoten bzw. bewerten dürfen?
- Sollte das Erlernen eines Instruments Pflicht für Schüler werden?
- Sollten Noten im Sportunterricht abgeschafft werden?
- Brauchen wir ein Unterrichtsfach „Medienbildung"?

### Weitere Hinweise

- Die Fishbowl-Methode kann auch mit einem Moderator, der dann ebenfalls in der Mitte Platz nimmt, durchgeführt werden.
- Wie für alle Gruppengesprächsformen ist auch bei der Fishbowl-Methode die anschließende begründete Bewertung zentral. Wichtige Bewertungsaspekte sind: Sachlichkeit, Themenkonzentriertheit (sachfokussiert vs. abschweifend), Bezug auf die vorherigen Redebeiträge, Einhaltung der Gesprächsregeln, Richtigkeit der Argumentation, Verständlichkeit der Äußerung (lautes und deutliches vs. undeutliches Sprechen).

Stefan Schäfer: 44 kreative Wege zur mündlichen Note Deutsch

## 3.11 Entscheidungspyramide

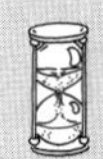

15–20 Minuten

ab Klasse 7

hinreichend viele Zettel, eventuell Pinnwand

### Beschreibung

Mithilfe der Entscheidungspyramide können aus einer Vielzahl von Vorschlägen bzw. Ideen die jeweils relevanten ermittelt werden. Durch das Verfahren werden alle Schüler in den Entscheidungsprozess eingebunden. Zugleich trägt die Methode zur Entwicklung der kommunikativen Fähigkeiten der Schüler bei und schärft deren Argumentationsfähigkeit.

### Durchführung

Zu einem Problem bzw. einer Fragestellung notieren alle Schüler zunächst jeweils ihre drei bevorzugten Ideen bzw. Lösungen. Die Schüler finden sich dann in Zweierpaaren (oder Dreiergruppen) zusammen und einigen sich nach kurzer Diskussion auf drei gemeinsame Vorschläge. Diese werden nun in Vierer-, Fünfer- oder Sechsergruppen diskutiert, bis wieder nur drei Vorschläge übrig bleiben. Dieses Verfahren wird so lange fortgesetzt, bis sich zwei Gruppen gegenüberstehen und die Gesamtgruppe aus sechs Vorschlägen wiederum drei gemeinsame auswählt. Die letzten drei Vorschläge können ggf. erneut diskutiert oder einfach zur Abstimmung gestellt werden.

### Beispiele

Abgesehen von tatsächlichen Entscheidungsfragen (etwa der Frage, wohin ein Ausflug führen soll, oder wie ein Klassenfest gestaltet wird) bietet sich das Verfahren auch an, um in der Vorbereitung auf Erörterungen stichhaltige Argumente zu sammeln. Wird die Methode zur Themensammlung verwendet, wird anfangs lediglich ein Impuls bzw. eine Fragestellung vorgegeben.

### Weitere Hinweise

- Der Ablauf der Entscheidungspyramide mit den Gruppengrößen muss genau geplant werden, für 29 Schüler zum Beispiel: 2. Runde = 13 Zweier- und eine Dreiergruppe, 3. Runde = 6 Vierer- und eine Fünfergruppe, 4. Runde = 3 Siebener- und eine Achtergruppe, 5. Runde = 1 Vierzehner- und eine Fünfzehnergruppe.
- Um die Pyramidenstruktur der Diskussion und der Entscheidung deutlich zu machen, können die verschiedenen Vorschläge nach jeder Runde (etwa für die letzten drei Runden) auf einer Pinnwand angebracht werden.

## 3.12 Ideenwettrennen

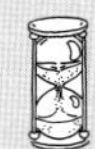
10–15 Minuten

Klasse 5–8

Papierkarten in verschiedenen Farben, eventuell Pinnwand

### Beschreibung

Bei einem Ideenwettrennen treten Gruppen gegeneinander an und versuchen jeweils, am meisten bzw. die Ideen zu einem Thema/Problem zu sammeln. Hierbei werden nicht nur alle Schüler aktiv am Unterrichtsgeschehen beteiligt; durch die spielerische Komponente hilft das Verfahren zugleich, Ängste abzubauen und zu motivieren.

### Durchführung

Die Klasse wird in möglichst gleich große Gruppen (am besten in Vierer- und Fünfergruppen) so eingeteilt, dass die Gruppen in etwa dieselbe Leistungsstärke haben (d. h. dass leistungsstärkere und -schwächere Schüler entsprechend verteilt werden müssen). Jede Gruppe erhält Papierkarten in einer jeweils anderen Farbe. Nun liest der Lehrer eine Frage vor bzw. formuliert ein Problem. In der Gruppe werden nun Ideen gesammelt und auf die Karten notiert (jeweils eine Idee pro Karte). Hat die erste Gruppe die vorgegebene Zahl der Ideen erreicht (z. B. fünf oder zehn Ideen), gibt sie ihre Karten ab. Auch die anderen Gruppen müssen nun ihre Karten abgeben. Das Wettrennen kann mit weiteren Fragen bzw. Problemen fortgesetzt werden. Gewonnen hat am Ende die Gruppe, die insgesamt die meisten Karten abgegeben hat.
Die abgegebenen Ideen können im Anschluss bewertet, diskutiert und/oder strukturiert (etwa als **Mindmap**) werden.

### Beispiele

- als Einstieg in ein neues Thema (als Aspektesammlung)
- in der Auseinandersetzung mit umfangreicheren Themen (z. B. können mit dem Verfahren Eigenschaften einer literarischen Figur, Deutungsansätze oder Motive gesammelt werden)

### Weitere Hinweise

- Man kann den Spielcharakter noch verstärken, indem zwei bis drei Schüler als Jury eingesetzt werden, die den Spielablauf überwachen und ggf. die Ideen (deren Originalität) bewerten und entsprechend Punkte vergeben. Denkbar wäre etwa, dass Ideen, die nicht mehrfach (also von verschiedenen Gruppen) genannt wurden oder besonders originell sind, dreifach zählen.

## 3.13 Meinungsbarometer

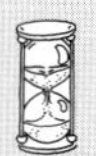 2–5 Minuten  ab Klasse 5  keines

### Beschreibung

Bei einem Meinungsbarometer geht es zunächst um die Verdeutlichung eines Meinungsbildes innerhalb einer Gruppe. Das Meinungsbarometer eignet sich darüber hinaus gut, um eine Diskussion anzustoßen und alle Schüler einer Klasse in das Gespräch einzubinden.

### Durchführung

Für das Meinungsbarometer wird der Klassenraum in zwei Felder unterteilt, die für Zustimmung bzw. Ablehnung stehen; je weiter ein Schüler von der Mittellinie entfernt steht, desto mehr stimmt er zu bzw. lehnt er ab.
Der Lehrer stellt nun eine strittige Frage und die Schüler stellen sich spontan an der Stelle auf, die ihrer Meinung zu der Frage entspricht.
Ist das Meinungsbarometer erstellt, könnten die Schüler aufgefordert werden, jeweils einen Satz zu der von ihnen gewählten Position zu sagen.

**Ich stimme zu!**
S(chüler)
S S S
S S
S S
S S S

---

S
S S S S
S S S
S S S
**Das lehne ich ab!**

### Beispiele

Ein Meinungsbarometer eignet sich als Einstieg in alle Diskussions- bzw. Erörterungsthemen.

### Weitere Hinweise

- Eine Variante zum Meinungsbarometer stellt die **Positionslinie** (Ja-oder-Nein-Linie) dar, bei der mit Klebeband entlang einer Wand am Boden drei Positionen markiert werden: Stimme ich (vollständig) zu! Bin unentschieden! Lehne ich (vollständig) ab! Die Positionslinie hat dabei den Vorteil, schneller durchgeführt werden zu können, da das Umräumen im Klassenraum entfällt. Der Vorteil des Meinungsbarometers ist dagegen dessen Übersichtlichkeit, da vom jeweiligen Standpunkt aus mit Blickkontakt zu allen anderen Schülern gesprochen (und ggf. sogar diskutiert) werden kann.

## 3.14 Erzählkette

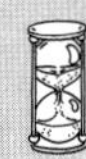 10–15 Minuten  Klasse 5–7  keines

**Beschreibung**

Mit der Methode wird nicht nur das mündliche Erzählen geschult, sondern auch das Zuhören und die Konzentration der Schüler. Die spielerische Komponente des Verfahrens motiviert außerdem und regt die Fantasie der Schüler an.

**Durchführung**

Der Lehrer gibt einen Erzählanfang (siehe Beispiele) vor. Der erste Schüler (z. B. der, der vorne rechts sitzt) bildet zu dem Erzählanfang einen weiteren Satz. Der Sitznachbar des ersten Schülers setzt die Erzählung mit einem weiteren Satz fort usw. Entweder der letzte Schüler oder aber der Lehrer hat drei Sätze, um die Geschichte abzuschließen.

**Beispiele**

- Es war einmal eine Kuh namens Luise, die Vanilleeis über alles liebte.
- Vor vielen Jahren lebte in den Bergen ein Mann, der hören konnte, was andere Menschen dachten.
- Eines schönen Morgens wachte Tatjana auf und hatte eine verrückte Idee.
- Lange vor unserer Zeit lebte einmal ein Mädchen, das nie etwas vergaß.

**Weitere Hinweise**

- Alternativ zum Lehrer kann auch ein Schüler mit der Erzählkette beginnen.
- Erschwert werden kann die Erzählkette, wenn der jeweilige Erzähler nicht nur den nächsten Satz der Erzählung bildet, sondern er anschließend auch noch ein Wort/einen Begriff nennt, das bzw. den der nächste Schüler in seinen Satz einbauen muss. Umgekehrt können auch bestimmte Wörter bzw. Wortgruppen von der Erzählkette ausgeschlossen werden (z. B. könnten die Wörter „sagen“, „fragen“ und „gehen“ ausgeschlossen werden oder alle Substantive, die mit einem „S“ beginnen oder ein „L“ enthalten).

## 3.15 Wahr oder falsch?

variabel

ab Klasse 5

keines

### Beschreibung

Bei „Wahr oder falsch?“ handelt es sich um ein vielfältig und sehr variabel einsetzbares Verfahren, das durch seinen spielerisch-lustigen Charakter sehr motivierend ist und Ängste mindern kann.

### Durchführung

In Einzel-, Partner- oder Gruppenarbeit formulieren Schüler jeweils mehrere Aussagen zu einem Thema, von denen mindestens eine bewusst falsch sein muss. Die anderen Schüler müssen dann herausfinden, welche dies ist, und ggf. die Aussage auch richtigstellen. Bewertet werden können sowohl die Fragen selbst als auch die Beantwortung der Fragen bzw. deren Richtigstellung.

Bei umfangreicheren Stoffgebieten bietet es sich an, in Gruppen zu arbeiten und dem Verfahren einen Wettbewerbscharakter zu geben (die Gruppe, die die meisten Falschaussagen identifiziert, hat gewonnen).

### Beispiele

Das Verfahren eignet sich zur Stoffwiederholung in allen Bereichen, insbesondere auch für den Sprachbereich („Im Satz 'Martina liest gerade ein spannendes Buch.' ist 'gerade' eine adverbiale Bestimmung. – Wahr oder falsch?“, „Der Ausdruck 'kaltstellen' kann sowohl getrennt als auch zusammengeschrieben werden. – Wahr oder falsch?“).

### Weitere Hinweise

- Das Verfahren wird auch als **Kennenlernspiel** eingesetzt: Zwei Schüler unterhalten sich miteinander und formulieren jeweils drei Aussagen über den anderen, von denen eine falsch ist. Die übrigen Schüler müssen raten, welche falsch ist.

# 4 Basis der mündlichen Leistungsfeststellung verbreitern

## 4.1 Rollenbewerbung

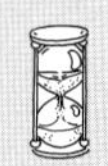
5 Minuten

ab Klasse 7

ist, je nach Bedarf, von den Schülern zu organisieren

### Beschreibung

Die Rollenbewerbung gehört zu den vorbereiteten mündlichen Beiträgen, die von Schülern nur auf freiwilliger Basis geleistet werden sollten. Sie dient der Verbreiterung der Basis der mündlichen Leistungsfeststellung und erlaubt es den Schülern, ihre individuellen Stärken und Interessen stärker in den Unterricht einzubringen. Grundgedanke ist, dass die Schüler wie Schauspieler vorsprechen, um sich für eine Rolle (ein Engagement) zu bewerben.

### Durchführung

Die Rollenbewerbung sollte in genauer Absprache mit dem Lehrer erfolgen. Der Schüler entscheidet sich dabei für eine Rolle und einen entsprechenden Text, den er dann vortragen wird. Die Interpretation der Rolle sowie die Gestaltung des Vorsprechens liegen dagegen ganz beim Schüler.
Der Schüler:

- sollte – zumindest kurz – in den Text ein- bzw. auf die Rolle hinführen;
- sollte den Text auswendig lernen (als Unterstützung kann aber auch ein Textheft genutzt werden);
- kann sich verkleiden;
- kann Requisiten verwenden.

### Beispiele

- längere Figurenreden (Monologe) aus szenischen Texten – vom Kinder- oder Jugendstück (z. B. Stücke von Lutz Hübner) bis zu den Klassikern (z. B. Fausts Eingangsmonolog)
- zum Vorsprechen eigenen sich grundsätzlich auch gut kürzere Balladen („Erlkönig", „Der Handschuh" usw.)

### Weitere Hinweise

- Die Rollenbewerbung kann grundsätzlich auch mit einem Partner erfolgen. Die beiden Schüler bewerben sich dann entweder gleichzeitig um unterschiedliche Rollen im selben Stück (also um die Rollen Faust und Mephisto, Karl und Franz usw.) oder der Partner unterstützt den eigentlichen Bewerber nur. Letzteres hat den Vorteil, dass auch dialogische Stellen ausgewählt werden können (zu achten ist aber dann darauf, dass der eigentliche Bewerber die deutlich höheren Redeanteile hat und auch nur er auf Verkleidung oder Requisiten zurückgreift).
- Die mit dem Vorsprechen erbrachte Leistung könnte mit etwa zehn Prozent (vgl. die Darstellung auf Seite 7) in die mündliche Gesamtbewertung einfließen.

## 4.2 Experteninterview durchführen

15 Minuten

ab Klasse 6

ist, je nach Bedarf, von den Schülern zu organisieren

### Beschreibung

Das Durchführen eines Experteninterviews dient der Verbreiterung der Basis der mündlichen Leistungsfeststellung und erlaubt es den Schülern, ihre individuellen Stärken und Interessen stärker in den Unterricht einzubringen.
Beim Experteninterview führen die Schüler ein Gespräch mit einem Experten ihrer Wahl und präsentieren das Gespräch im Unterricht. Das Durchführen eines Experteninterviews gehört dabei zu den vorbereiteten mündlichen Beiträgen, die von Schülern nur auf freiwilliger Basis geleistet werden sollten.

### Durchführung

Nach Absprache mit dem Lehrer führt der Schüler ein Gespräch mit einem Experten. Im Idealfall wird der Experte dazu in den Unterricht eingeladen, dort dann zunächst vom Schüler kurz vorgestellt und anschließend befragt (weitere Fragen an den Experten können dann im Anschluss an das Interview von den übrigen Schülern an den Experten gerichtet werden).
Dass der Experte im Unterricht erscheinen kann oder will, wird natürlich nicht immer möglich sein. Alternativ kann der Schüler in diesen Fällen das Gespräch dann an einem anderen Ort durchführen und im Unterricht eine Aufzeichnung des Gesprächs oder ein Gesprächsprotokoll präsentieren.

### Beispiele

- beim Thema Berufswahl könnten Vertreter von möglichst verschiedenen Berufen eingeladen werden
- Vertreter von Berufen mit Bezug zum Deutschunterricht (Journalist, Schauspieler, Redakteur, Dramaturg, Werbetexter, …)
- Lehrer von Fächern mit einem Bezug zu Unterrichtsthemen (z. B. der Biologie- oder Geografielehrer, wenn es um das Thema Umweltschutz geht; der Physik- oder Informatiklehrer, wenn es um das Thema digitale Medien geht)

### Weitere Hinweise

- Grundsätzlich tun sich die Schüler leichter, wenn sie einen entsprechenden Experten bereits kennen (z. B. die Nachbarin, die als Programmiererin arbeitet, der Vereinstrainer, der im Hauptberuf KFZ-Mechanikermeister ist); man kann aber selbstverständlich auch fremde Personen ansprechen (hier könnten dann lehrerseitig Tipps gegeben werden).
- Die mit dem Experteninterview erbrachte Leistung könnte mit etwa 10 Prozent (vgl. die Darstellung auf Seite 7) in die mündliche Gesamtbewertung einfließen.

# 4.3 Eine Rede halten

ab 5 Minuten

ab Klasse 8

ggf. ein Rednerpult

### Beschreibung

Die Schüler bereiten eine kurze Rede vor und halten diese im Unterricht. Das Halten einer Rede gehört dabei zu den vorbereiteten mündlichen Beiträgen, die von Schülern nur auf freiwilliger Basis geleistet werden sollten. Es dient der Verbreiterung der Basis der mündlichen Leistungsfeststellung und erlaubt es den Schülern, ihre individuellen Stärken und Interessen stärker in den Unterricht einzubringen.

### Durchführung

Der Schüler spricht mit dem Lehrer ein Thema ab und legt die Redezeit fest (in der Oberstufe bis zu 15 Minuten). Der Schüler bereitet die Rede selbstständig vor und hält sie dann im Unterricht.
An die Rede kann sich eine am Redethema orientierte Diskussion anschließen (die auch vom Schüler selbst in seiner Rede angestoßen werden kann).

### Beispiele

- im Rahmen der Beschäftigung mit dem Argumentieren und der Redeanalyse freie Themenwahl durch die Schüler
- Reden mit Bezug zu einem unterrichtsaktuellen Thema (Klima und Umweltschutz, Rechte und Pflichten Jugendlicher, …)
- Reden mit Bezug zu Inhalten des Deutschunterrichts (Medienverhalten Jugendlicher, Jugendsprache, …)
- Reden mit literarischem Bezug (z. B. „Warum wir (k)einen Literaturkanon brauchen“, „Ist ‘Emilia Galotti’ heute noch lesenswert?“)

### Weitere Hinweise

- Wird die Rede im Rahmen der Beschäftigung mit der Redeanalyse bzw. mit dem Argumentieren gehalten, könnte die Rede anschließend im Unterricht auch untersucht und von den Schülern bewertet werden. In diesem Fall müsste der Redetext dann schriftlich vorliegen.
- Bei der Bewertung durch den Lehrer sollte weniger der Inhalt als vielmehr die sprachliche Gestaltung und der Vortrag selbst bewertet werden.
- Die mit der Rede erbrachte Leistung könnte mit etwa zehn Prozent (vgl. die Darstellung auf Seite 7) in die mündliche Gesamtbewertung einfließen.

## 4.4 Erzählwerkstatt

ab 15 Minuten

Klasse 5 und 6

gegebenenfalls Impulsgegenstände (siehe „Beispiele")

### Beschreibung

Die vor allem auf Claus Claasen zurückgehende Methode schult nicht nur die Erzählkompetenz und verbreitert das sprachliche Repertoire der Schüler, sondern bietet als Gruppenarbeitsform auch die Möglichkeit, Schüler unterschiedlicher Fähigkeiten zusammenarbeiten zu lassen. Durch den Einsatz der Methode wird außerdem eine breitere mündliche Unterrichtsbeteiligung erreicht, in vielen Fällen kann sie auch dabei helfen, eventuelle Sprechängste abzubauen.

### Durchführung

Die Grundidee der Erzählwerkstatt ist, dass Schüler gemeinsam in Partner- oder Kleingruppenarbeit zunächst eine Erzählidee entwickeln, dazu dann eine Geschichte planen und sie schließlich sprachlich gestalten. Das Finden von Erzählideen kann dabei durch verschiedene Impulse (siehe „Beispiele") angeregt, erleichtert und auch ein Stück weit gesteuert werden.

Vorgetragen wird die gemeinsam erarbeitete Geschichte dann entweder von einem Gruppenmitglied alleine oder aber im Wechsel (das heißt ein Schüler beginnt, die nächsten setzen der Reihe nach fort); ebenfalls möglich ist die Verwendung szenischer Elemente (beispielsweise könnte ein Dialog in der Geschichte von zwei Sprechern vorgetragen werden oder es gibt einen Erzähler und die Figurenrede wird von anderen Schülern gesprochen). Für einen Schüler mit Sprechangst kann es dabei schon ein großer Schritt sein, im Rahmen einer Geschichte ein oder zwei kleinere Sätze vorzutragen.

### Beispiele

Erzählideen können unter anderem resultieren aus

- eigenen Erlebnissen
- (Bilder-)Geschichten oder deren Beginn
- Bildern und Fotografien
- Gegenständen („Was könnte dieser Ball erlebt haben?", „Das Mädchen und der Ball/die Kerze/der Edelstein/ …")

### Weitere Hinweise

- Um Schülern Ängste zu nehmen, sollte eine Erzählwerkstatt zunächst ein notenfreier Raum sein. Dies schließt allerdings nicht aus, dass gute Leistungen (und ausschließlich solche) gleichwohl in die Bewertung einfließen.
- Für den Vortrag der Geschichten könnte eine stimmungsvolle Atmosphäre geschaffen werden, die auch äußerlich signalisiert, dass das Erzählen kein normaler Unterricht ist (z. B. mit einer Kerze, einem Erzählteppich, …).

## 4.5 Heißer Stuhl

 3–5 Minuten  ab Klasse 6  keines

### Beschreibung

Mit der Methode „Heißer Stuhl“ wird zwar ein Schüler exponiert, zugleich aber werden viele andere Schüler in das Unterrichtsgeschehen eingebunden. Die Methode eignet sich somit gut, um Wissensabfragen bzw. Wiederholung zu gestalten, sie kann aber auch eingesetzt werden, wenn es um das Einbringen eigener Erfahrungen geht.

### Durchführung

Ein Schüler nimmt an einer exponierten Stelle Platz (z. B. vor der Tafel, in der Mitte eines Stuhlkreises) und stellt sich den Fragen seiner Mitschüler zu einem vorher festgelegten Thema.

Der Platz auf dem „heißen Stuhl“ sollte immer nur auf freiwilliger Basis eingenommen werden. Bei persönlichen Fragen muss der Schüler auf dem heißen Stuhl das Recht haben, die Frage abzulehnen.

Bewertet werden kann dabei nicht nur der Schüler auf dem „heißen Stuhl“ selbst, sondern auch einzelne Fragesteller.

### Beispiele

Abgesehen von der Wiederholung des Stoffes der letzten Stunde kann der „Heiße Stuhl“ auch eingesetzt werden bei

- Austausch von Medienerfahrung: Der heiße Stuhl wird dann nacheinander von mehreren Schülern eingenommen, die Schüler werden befragt nach ihren Lieblingsbüchern, Lieblingsfilmen, ihren Erfahrungen mit Social Media, …
- Ergebnispräsentation nach längeren Eigenarbeitsphasen (in diesem Fall könnten auch zwei oder mehr Schüler an exponierter Stelle stehen): Der oder die Schüler auf dem heißen Stuhl werden nach ihren Arbeitsergebnissen zu einem bestimmten Bereich befragt.

### Weitere Hinweise

- Bei komplexeren Themen sollten die Schüler etwas Zeit bekommen, um – ggf. auch gruppenweise – Fragen vorzubereiten.
- Die Methode „Heißer Stuhl“ weist Parallelen zum **Expertenreferat** (vgl. 5.7) auf.

## 4.6 Kreative Gedichtpräsentation

5–10 Minuten

ab Klasse 5

ist, je nach Bedarf, von den Schülern zu organisieren

### Einsatz

Die kreative Gedichtpräsentation gehört zu den vorbereiteten mündlichen Beiträgen, die von Schülern nur auf freiwilliger Basis geleistet werden sollten. Die Methode dient einerseits der Überprüfung des Textverständnisses und erlaubt es den Schülern andererseits, ihre individuellen Stärken und Interessen stärker in den Unterricht einzubringen.

### Durchführung

Ein Schüler präsentiert der Klasse ein selbst gewähltes oder durch den Lehrer vorgegebenes Gedicht. Die Präsentation sollte aus drei Teilen bestehen:
**1. Informationen zum Gedicht**: Dieser einleitende Teil kann je nach Jahrgangsstufe und Unterrichtskontext unterschiedlich ausführlich ausfallen: Im einfachsten Fall wird auf das Gedicht mit einigen Informationen zum Autor und der Gedichtentstehung hingeführt, der Teil kann aber bereits Hinweise auf die Gedichtdeutung, die Epochenmerkmale, andere Textfassungen, vergleichbare Gedichte, die zeitgenössische Rezeption usw. enthalten. Vor allem in oberen Klassen könnte dieser Teil durch Visualisierungen (PC- oder OHP-Folien, Tafelbild, Handout, ...) unterstützt werden.
**2. Gedichttextpräsentation:** Der Gedichttext selbst wird in Kopie verteilt, vorgestellt und dabei in jedem Fall zumindest einmal auch laut vorgelesen bzw. auswendig vorgetragen.
**3. Gedichtdeutung:** Auch dieser Teil ist stark jahrgangsstufen- bzw. kontextabhängig. Im einfachsten Fall erläutert der Schüler, warum er das Gedicht ausgewählt hat bzw. was ihn an dem Gedicht anspricht und wie er es versteht. Der Teil kann aber auch eine genaue Analyse und eine ausführliche Interpretation unter Berücksichtigung des Werk- und Epochenkontextes umfassen; in diesem Fall könnten wieder Visualisierungen eingesetzt werden.
Wesentlich ist hierbei, dass zumindest einer der drei genannten Teile ein kreatives Moment enthält, durch das ein Schüler seine Stärken gezielt einbringt (siehe „Beispiele“).

### Beispiele (für kreative Komponenten)

- Der Gedichttext wird nicht nur aus einem Buch herauskopiert, sondern das Gedicht vor dem Kopieren von Hand abgeschrieben und der Gedichttext mit Zeichnungen/Bildern illustriert.
- Der Vortrag des Gedichttextes wird musikalisch begleitet – entweder mit Musik von einem Tonträger oder durch ein selbst gespieltes Instrument. Musik kann dabei nicht nur helfen, die Stimmung des Textes zu unterstreichen, sondern auch dessen klangliche (rhythmische) Struktur zu verdeutlichen. Natürlich könnte das Gedicht auch selbst vertont oder in einer vorliegenden Liedfassung gesungen werden.
- Die Visualisierungen werden kreativ gestaltet, z. B. durch Zeichnungen. Denkbar wäre aber auch, dass zentrale (dingliche) Motive visualisiert werden, um die Bildstruktur des Textes zu verdeutlichen (man könnte also z. B. eine Blume oder den Mond basteln).

#### Weitere Hinweise

- Die Gedichtpräsentation sollte in der Regel in Einzelarbeit erfolgen (vgl. zur **Textpräsentation** in Teams oder Gruppenarbeit 6.3).

## 4.7 Spiegelreferat

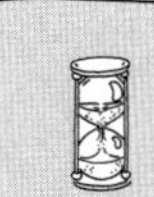 variabel  ab Klasse 8 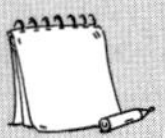 keines

#### Beschreibung

Das Spiegelreferat zählt zu den interaktiven Referatsformen und wird angewandt, um einerseits eine größere Nachhaltigkeit des referierten Stoffs zu sichern und um andererseits die Zuhörer – nicht zuletzt in der Oberstufe – stärker in den Referatsprozess einzubinden. Zugleich erleichtert es das Spiegelreferat, Schwierigkeiten und Wissenslücken anzusprechen.

#### Durchführung

Ein Spiegelreferat wird vom Referenten zunächst wie ein normales Referat vorbereitet. Für den Vortrag selbst bekommt der Referent zwei oder drei Assistenten, die alle zwei, drei Minuten das Referierte kurz mit eigenen Worten zusammenfassen und dem Referenten damit eine Rückmeldung (daher der „Spiegel") geben, was wie angekommen ist, bzw. Verständnisprobleme artikulieren. Der Referent hat dann die Möglichkeit zur Richtigstellung, Wiederholung oder Vertiefung.

#### Weitere Hinweise

- Das Prinzip des Spiegel-Referats kann (dann ohne die Zuhörer, d. h. nur ein Referent und zwei Assistenten) auch dazu genutzt werden, ein normales Referat zu üben; die Assistenten geben dem Referenten in diesem Fall auch ein Feedback zu Körperhaltung, Stimmführung, Lautstärke usw.
- Zu den interaktiven Referatsformen vgl. auch die Hinweise zum **Buzz-Gruppen-Referat** (3.9) sowie zum **Expertenreferat** (5.7).
- Zur Beurteilung von Referaten vgl. im Anhang, S. 57 die Vorlage „Bewertungsbogen Referat".

# 5 Ängste mindern

## 5.1 Drei-Schritt-Interview

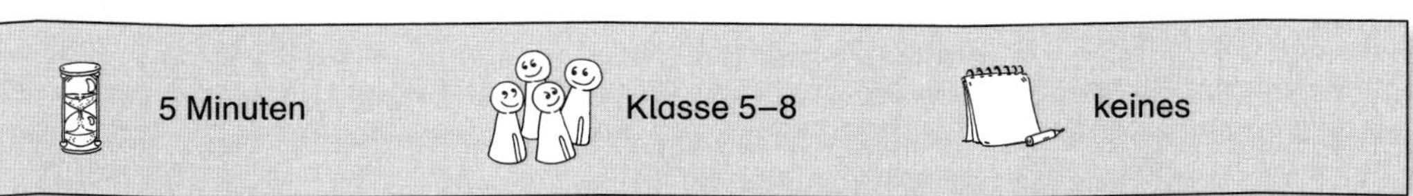


**Beschreibung**

Das Drei-Schritt-Interview wird – oft auch in den Fremdsprachen – vor allem zu Beginn der Klasse 5 angewendet, wenn es darum geht, dass sich die Schüler untereinander kennenlernen. Die Methode kann aber vielfältig eingesetzt werden und hilft dann, schüchternen bzw. gehemmten Schülern das Reden vor der Klasse zu erleichtern (der Schüler spricht dann zwar vor der Klasse, aber dort nicht mehr über sich, sondern über einen anderen) bzw. überhaupt eine stärkere mündliche Unterrichtsbeteiligung zu erreichen.

**Durchführung**

Beim Drei-Schritt-Interview befragen sich zwei Schüler nacheinander gegenseitig zu einem bestimmten Thema: Zunächst befragt Schüler A Schüler B, dann Schüler B Schüler A. Anschließend berichten die Schüler im Plenum über die Aussagen des jeweils anderen.

**Beispiele**

- Berichten über Leseerfahrungen
- Berichten über Erlebnisse
- Formulieren von Leseeindrücken bzw. des Textverständnisses (z. B.: „Karin ist am Text dann noch aufgefallen, dass … Sie findet den Text spannend, weil … Ihrem Verständnis nach geht es darum, dass …“)
- Formulieren von Meinungen (z. B.: „Paul ist gegen X, weil er meint, dass …“)

## 5.2 Kurzfristig vorbereitete Unterrichtsbeiträge

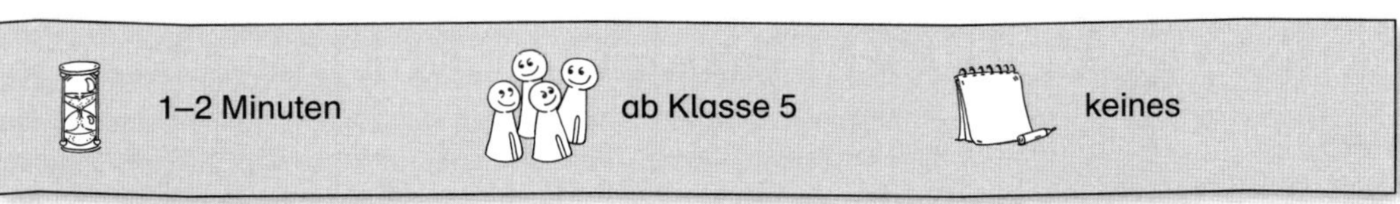


**Beschreibung**

Indem Unterrichtsbeiträge nicht spontan eingefordert werden, sondern man den Schülern dafür eine kurze Vorbereitungszeit bewilligt, wird nicht nur eine stärkere mündliche Unterrichtsbeteiligung erreicht, sondern es erhöht sich außerdem die sprachliche Qualität der geleisteten Beiträge.

**Durchführung**

Fragen bzw. Gespräche werden angekündigt und die Schüler dazu angehalten, sich mögliche Beiträge zu überlegen und diese durch das Formulieren von Stichworten vorzubereiten. Nach der Vorbereitungsphase können dann die Unterrichtsbeiträge entweder formuliert oder besonders zurückhaltende oder ängstliche Schüler gebeten werden, ihre Stichworte vorzulesen. Wichtig wäre, dass die Formulierungsvorbereitung – zumindest anfangs – zeitlich von der inhaltlichen Vorbereitung abgekoppelt wird. Das heißt, auch wenn die Schüler beispielsweise einen Text schon unter einer bestimmten Fragestellung erarbeitet haben, könnte ihnen im Anschluss daran eine (bzw. noch einmal die) konkrete Fragestellung genannt werden, nun aber mit dem Auftrag eine Antwort auch sprachlich und in ihrem Aufbau vorzubereiten (z. B. nach einer fünfminütigen Eigenarbeitsphase: „Beendet jetzt bitte die inhaltliche Analyse und nutzt die folgende Minute, um eure Antwort auf die Frage, ob/wie/..., sprachlich vorzubereiten. Macht euch dazu stichwortartige Notizen.“).

**Beispiele**

- Präzisierung der Fragestellung nach der inhaltlichen Vorbereitung (z. B.: „Ihr habt jetzt die Argumentation im Text untersucht. Bereitet nun bitte eine Antwort auf die Frage vor, welches Argument euch am meisten überzeugt und weshalb.“).
- Verteilung der Teilfragen nach der inhaltlichen Vorbereitung (z. B.: „Ihr habt jetzt die Argumentation im Text untersucht. Die Schüler an den drei Tischen hier bereiten bitte eine Antwort auf die Frage vor, welches Argument euch am meisten überzeugt und weshalb. Die Schüler an den drei Tischen dort bereiten bitte eine Antwort auf die Frage vor, welche Argumente durch ein Beispiel gestützt sind. Die anderen suchen bitte je ein Beispiel für ein Tatsachenargument, ein normatives Argument sowie ein Analogieargument.“).
- Vorbereitung einer Antwort als (Teil der) Hausaufgabe (z. B.: „Ich möchte am Anfang der nächste Stunde gerne die Frage besprechen, ob/wie/... . Macht euch für eine Antwort darauf stichwortartige Notizen.“).

**Weitere Hinweise**

- Gibt man den Schülern regelmäßig eine kleine Extrazeit (etwa einmal alle zwei, drei Unterrichtsstunden) zur Formulierungsvorbereitung, werden sie nach einiger Zeit selbstständig Stichworte für Beiträge formulieren bzw. ihre Beiträge nach und nach auch gedanklich besser vorbereiten (besser strukturieren, sprachlich sowie stilistisch angemessener gestalten).

## 5.3 Blitzlicht

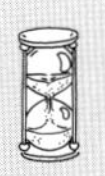 5 Minuten  ab Klasse 5  keines

**Beschreibung**

Mithilfe dieser Methode können alle Schüler am Unterrichtsgeschehen beteiligt und ein schneller Überblick gewonnen werden: Jeder Schüler äußert zu einem Thema oder einer Frage einen Satz, der nicht kommentiert wird, wodurch ängstliche bzw. schüchterne Schüler entlastet werden.

**Durchführung**

Der Lehrer erläutert einführend die Methode: Auf eine Impulsfrage äußert jeder Schüler einen Satz, der nicht kommentiert wird (weder vom Lehrer noch von Mitschülern!). Sätze dürfen nicht wiederholt, Inhalte aber paraphrasiert werden. Nach der Blitzlichtrunde kann der Lehrer

zur Diskussion überleiten, indem er das Gesagte zusammenfasst oder mit einem eigenen (provokanten) Satz das Blitzlicht beendet.
Ist die Methode eingeführt, kann der Lehrer auch Schüler für ein Blitzlicht auswählen, d. h. dass nicht immer alle Schüler der Klasse an dem Blitzlicht teilnehmen müssen.

### Beispiele

Blitzlichter bieten sich insbesondere an als Stellungnahmen zu:

- Texten (erster Leseeindruck, Textverständnis, Interpretation, auffällige Textmerkmale)
- Figuren (Charakter und Eigenschaften, Handlungsziele bzw. -alternativen)
- strittigen Themen bzw. Fragen (z. B. als Vorbereitung auf eine Erörterung oder Diskussion)

### Weitere Hinweise

- Häufig werden bei dieser Methode Stimmungen als Momentaufnahme (z. B. nach einem Seminar oder Workshop) festgehalten. Dann gibt es allerdings keine Redepflicht, vielmehr gilt: Jeder kann sich äußern, aber keiner muss dies tun.
- Idealerweise sitzen bei einem Blitzlicht sowohl alle Schüler als auch der Lehrer in einem Kreis.

## 5.4 Begriffsakronym

 5–10 Minuten  ab Klasse 5  keines

### Beschreibung

Zu den Buchstaben eines vorgegebenen Begriffs überlegen sich die Schüler in Gruppen Wörter, die mit diesem Buchstaben beginnen und die (für sie) eine Bedeutung in Bezug auf das durch den Begriff vorgegebene Thema haben. Weil es meist nicht einfach ist, für alle oder auch nur viele Buchstaben ein Wort zu finden, hat die Methode eine spielerische Komponente, die motiviert. Da immer alle Schüler gehalten sind zu sprechen, kann sie außerdem dabei helfen, Sprechängste abzubauen.

### Durchführung

Der Lehrer teilt die Klasse in Gruppen ein und weist jeder Gruppe den Begriff zu, aus dessen Buchstaben die thematisch passenden Wörter gebildet werden sollen. Unabhängig von der Zahl der Buchstaben eines Begriffs sollte jeder Schüler der Gruppe ein Wort finden bzw. nach der Gruppenarbeitsphase im Plenum vorstellen: Bekommt also eine Vierergruppe den Begriff „Sage", muss zu jedem Buchstaben ein Wort gefunden werden, bekommt eine Vierergruppe dagegen den Begriff „Maerchen", nur zu vier der acht Buchstaben. Es folgt eine kurze Gruppenarbeitsphase, in der die Schüler gemeinsam Wörter suchen und festlegen, wer welches Wort wie anschließend im Plenum vorstellt.
Das Beispiel „Sage/Maerchen" macht bereits deutlich, dass die Grundidee der Methode variiert und entsprechend den Erfordernissen angepasst werden kann: So kann nicht nur die Zahl der Wörter pro Begriff reduziert werden. Denkbar ist auch, dass die Wörter nicht unbedingt mit einem Buchstaben aus dem vorgegebenen Begriff beginnen, sondern diesen nur enthalten müssen. Außerdem muss nicht jede Gruppe einen anderen Begriff zugeteilt bekommen, sondern es können auch alle Gruppen einen Begriff bearbeiten.

**Beispiele**

- Ideenfindung: Beispielsweise können zu einer kreativen Schreibaufgabe Begriffe wie „Spannung“, „Abenteuer“, „Höhepunkt“ oder „Erlebnis“ vorgegeben werden, zu denen dann Erzählideen gesammelt werden.
- Wiederholung: Wissen zu umfangreicheren Themen (etwa zu Textsorten, Sprache und Stil oder Epochen) kann über die Methode gesichert bzw. wiederholt werden.
- Texterschließung: Zu einem Text werden den Schülern Schlüsselbegriffe gegeben (z. B. zentrale Motive, die Namen der Hauptfiguren oder die Hauptthemen).
- Argumente/Beispiele sammeln: Ausgehend von thematisch relevanten Begriffen (zum Thema „Schuluniform“ also etwa Begriffe wie „Uniform“, „Kleidung“, „Identität“ usw.) werden Argumente und Beispiele gesammelt.

## 5.5 Abecedarium

 15–20 Minuten  Klasse 5–9  Arbeitsblätter

**Beschreibung**

Abecedarien stellen eine bewährte Methode zur begrifflichen Strukturierung komplexer Zusammenhänge dar. Bei einer entsprechenden Durchführung tragen sie außerdem dazu bei, die Unterrichtsbeteiligung zu erhöhen und insbesondere zurückhaltende, schüchterne Schüler besser in Klassengespräche einzubinden.

**Durchführung**

Der Lehrer teilt die Klasse in etwa gleichgroße Gruppen (vier bis fünf Schüler) ein (auf eine gute Mischung leistungsstärkerer und -schwächerer Schüler achten) und erläutert die Vorgehensweise.
Jede Gruppe erhält ein entsprechendes Arbeitsblatt (→ Anhang, S. 60: Vorlage).
Innerhalb eines festgesetzten Zeitrahmens (etwa 5 Minuten) werden in den Gruppen möglichst viele Wörter (im Idealfall zu jedem Buchstaben eines) zum vorgegebenen Thema gesucht.
Anschließend werden die Gruppenarbeitsergebnisse in der Klasse zusammengeführt. Zu jedem Buchstaben werden die Begriffe vorgestellt und vom Lehrer an der Tafel festgehalten. Wichtig mit Blick auf die Unterrichtsbeteiligung ist, dass die Begriffe nicht nur genannt, sondern auch kurz (in einem Satz, mit zwei oder drei Stichwörtern) erläutert werden und dass die Wörter abwechselnd von den verschiedenen Gruppenmitgliedern vorgestellt werden (sodass also jedes Mitglied einer Gruppe mindestens fünf Mal etwas sagt).
Ist das vollständige Abecedarium in der Klasse zusammengetragen, kann das Gesamtergebnis weiter besprochen bzw. strukturiert werden (etwa, indem zusammengehörige Begriffe zusammengeführt werden).

**Beispiele**

- Ideenfindung: Eine größere Schreibaufgabe kann thematisch eingegrenzt werden (z. B. „Leben im 22. Jahrhundert“ bei einer Fantasiegeschichte oder ein Erörterungsthema).
- Wiederholung/Verständnissicherung: Wissen zu umfangreicheren Themen (etwa zu Textsorten, Sprache/Stil oder Epochen) kann über die Methode gesichert bzw. wiederholt werden.

Stefan Schäfer: 44 kreative Wege zur mündlichen Note Deutsch

- Texterschließung: Vor allem nach der Lektüre von Ganzschriften kann der Text auf diese Weise gut strukturiert werden.

**Weitere Hinweise**

- Das Abecedarium muss keinesfalls immer vollständig sein; insbesondere können seltene Buchstaben (vor allem Q und Y) von Anfang an ausgeschlossen werden.
- Wird die Methode zum ersten Mal durchgeführt, benötigt sie recht viel Zeit. Wurde die Arbeitsweise von den Schülern verinnerlicht, kann die Vorstellung der Begriffe im Plenum recht zügig vonstattengehen, sodass für ein ganzes Abecedarium tatsächlich nur um die 15 Minuten benötigt werden.

## 5.6 Vier-Ecken-Methode

 20 Minuten  Klasse 5–9  große Papierbögen (z. B. Packpapier)

**Beschreibung**

Mit der Vier-Ecken-Methode können Schüler ihre Gedanken zum Ausdruck bringen, ohne im ersten Schritt schon sprechen zu müssen. Die Methode eignet sich als Einstieg in Themen, zu denen die Schüler bereits unsystematisches Vorwissen haben.

**Durchführung**

Die Klasse wird in Vierergruppen eingeteilt, die jeweils an einem Tisch arbeiten. Auf einen Papierbogen wird ein Vier-Ecken-Raster (eine Art viereckige Zielscheibe) aufgezeichnet, in dessen Zentrum das zu bearbeitende Thema steht.

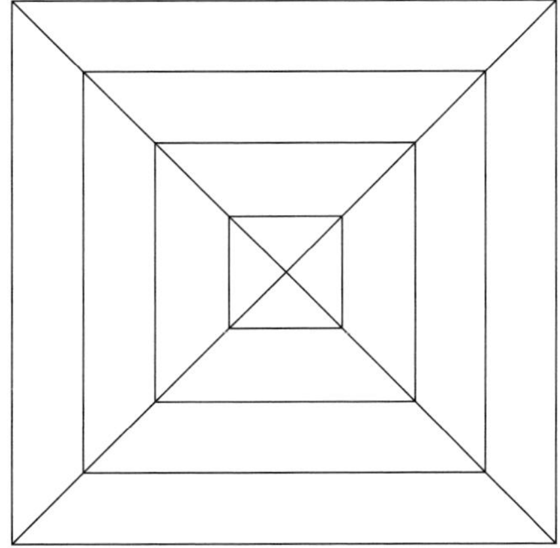

Jeder Schüler notiert in einer ersten Runde im inneren Bereich der eigenen Ecke einen Begriff, der ihm zum Thema einfällt. Doppelungen sollten nach Möglichkeit vermieden werden, stellen aber kein grundsätzliches Problem dar. Das Papier wird nach einer vorgegebenen Zeitspanne weitergedreht und die Schüler arbeiten mit dem Begriff ihres Mitschülers weiter (etwa indem sie ihn erklären oder ergänzen, Fragen dazu formulieren).

Der Bogen wird nun zwei weitere Male gedreht, wobei die Schüler jeweils an die geleisteten Vorarbeiten anknüpfen.

Die Arbeitsergebnisse werden abschließend vorgestellt, indem jeder Schüler, die Ecke, die er zuletzt bearbeitet hat, kurz erläutert.

**Beispiele**

- Einstieg in ein Sachthema (z. B. bei Erörterungen oder Diskussionsfragen, aber auch bei Sachtexten)
- Einstieg in eine Ganzschriftlektüre (z. B. indem etwa Leseerwartungen an ein Thema gesammelt werden)

**Weitere Hinweise**

- Die Vier-Ecken-Methode ist verwandt mit dem **Placemat**-Verfahren (Tischset), bei dem ebenfalls vier Schüler um einen großen Bogen Papier sitzen und Aspekte/Ideen zu einem Thema notieren. Während ein Placemat aber dazu dient, aus vielen Aspekten eines Themas die wesentlichen herauszuarbeiten (man arbeitet von außen nach innen, es gilt, die Mitte zu beschriften), und folglich eher am Ende eines längeren Arbeitsprozesses steht, wird bei der Vier-Ecken-Methode von innen nach außen gearbeitet (die Mitte ist bereits beschriftet!).

## 5.7 Expertenreferat

 variabel  ab Klasse 8  keines

**Beschreibung**

Das Expertenreferat zählt zu den interaktiven Referatsformen und wird angewandt, um einerseits eine größere Nachhaltigkeit des referierten Stoffs zu sichern und um andererseits die Zuhörer – nicht zuletzt in der Oberstufe – stärker in den Referatsprozess einzubinden.

**Durchführung**

Das Referat wird vom Referenten wie ein normales Referat vorbereitet, dann aber nicht vorgetragen. Vielmehr tritt der Referent gleichsam als zu interviewender Experte auf. Nach einer allgemeinen Einführung in das Thema (die auch durch den Lehrer erfolgen kann) erarbeiten die Zuhörer in Gruppen Fragen, die sie im sich anschließenden Interview an den Experten stellen.

**Weitere Hinweise**

- Zu den interaktiven Referatsformen vgl. auch die Hinweise zum **Buzz-Gruppen-Referat** (3.9) sowie zum **Spiegelreferat** (4.7).
- Zur Beurteilung von Referaten vgl. im Anhang, S. 57 die Vorlage „Bewertungsbogen Referat“.

## 5.8 Methode 6–3–5

 30 Minuten  ab Klasse 5  Ideenblätter

**Beschreibung**

Zu Methode 6–3–5 (6 Schüler, 3 Ideen in 5 Minuten) gibt es verschiedene Varianten (die bekanntesten sind **Ideenblatt** und **Brainstorming**), die alle dasselbe Ziel verfolgen, nämlich das eigene Denken zu beflügeln und dadurch zugleich mündliche Äußerungen vorzubereiten und entsprechende Blockaden zu lösen.

### Durchführung

Die Klasse wird in Gruppen zu je sechs Schülern aufgeteilt, die sechs „Ideenblätter" erhalten (→ Anhang, S. 61: Vorlage), auf denen die Fragestellung bzw. das Problem bereits ausformuliert ist.
Die Schüler schreiben nun in die erste Zeile ihre Ideen bzw. Vorschläge (pro Spalte eine Idee). Danach werden die Blätter im Uhrzeigersinn an den nächsten Nachbarn weitergereicht und der zweite Schüler trägt in die zweite Zeile wiederum drei Ideen oder Vorschläge ein. So geht es weiter, bis alle sechs Zeilen ausgefüllt sind, das Blatt also fünfmal weitergereicht wurde. Die Weiterarbeit mit den Blättern kann dann entweder in der Gruppe (die Gruppenmitglieder verständigen sich auf die sechs besten Ideen, wobei jeweils ein Gruppenmitglied eine Idee anschließend in der Klasse vorstellt) oder gleich in der Klasse erfolgen (die Blätter könnten aufgehängt, gemeinsam gesichtet und bewertet oder diskutiert werden).

### Beispiele:

- Ideen sammeln zum Handlungssetting (Ort, Zeit, Figuren, Vorgeschichte) oder dem Plot einer Geschichte bzw. zu den Eigenschaften und Fähigkeiten der Hauptfiguren einer Geschichte
- Ideen sammeln zur Verbesserung oder Weiterführung einer vorliegenden Geschichte / Arbeit
- Fragen sammeln (z. B. an einen Text oder einen Experten)
- Beispiele und Argumente sammeln für eine Diskussion / Erörterung

### Weitere Hinweise

- In der Praxis wird man schon aus Zeitgründen das Verfahren abkürzen und aus der Methode 6–3–5 beispielsweise eine „Methode 4–3–3" (4 Schüler, 3 Ideen in 3 Minuten) oder eine „Methode 4–2–2" (4 Schüler, 2 Ideen in 2 Minuten) machen, sodass sich der Zeitaufwand von 30 auf 12 (Methode 4–3–3) bzw. acht Minuten (Methode 4–2–2) reduziert.
- Ebenfalls aus Zeitgründen sollte man nicht auf die Erfüllung der Ideenvorgabe bestehen: Finden Schüler in der vorgegebenen Zeit etwa nur zwei der vorgegebenen drei Ideen, ist dies für das Gelingen des Verfahrens ohne Belang. Auch wenn die Spontaneität ein wichtiges Merkmal des Verfahrens ist, sollte auch hier Qualität vor Quantität gehen.

## 5.9 Schreibgespräch

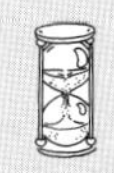 5–10 Minuten

 Klasse 7–10

 ein großer Papierbogen (Plakatgröße, mindestens DIN A0)

### Beschreibung

Schreibgespräche finden stets stumm statt und verknüpfen die Vorteile von mündlichen (erfolgen spontan) und schriftlichen (haben Bestand) Äußerungen. Außerdem kommen sie schüchternen bzw. zurückhaltenden Schülern entgegen und stellen eine Unterrichtsbeteiligung der gesamten Klasse sicher.

**Durchführung**

In der Klasse wird ein großes Plakat ausgelegt, auf dem verschiedene Fragen, Aussagen oder Bildimpulse verteilt sind. Die Schüler gehen um das Plakat herum und schreiben, wenn sie möchten, einen Kommentar zu den Impulsen. Es können auch Fragen zum Thema notiert werden.
Zu den Schülerkommentaren oder -fragen können erneut Kommentare oder Fragen notiert werden. Dies kann bis zum Ende einer vorher festgesetzten Frist dauern oder so lange, bis der Schreibfluss abbricht. Die Schüler bekommen dann noch einmal etwas Zeit, um sich das Ergebnis des „Gesprächs" anzusehen. In der Klasse kann anschließend das „Gespräch" mündlich fortgesetzt und insbesondere Fragen beantwortet werden.

**Beispiele**

- Schreibgespräche als Einstieg in neue Themen
- Schreibgespräche als Ersatz für mündliche Diskussionen, aber auch Sachgespräche (z. B. über einen literarischen Text)
- Schreibgespräche zur Bewertung von Texten (als Teil der Textkorrektur)

**Weitere Hinweise**

- Die Methode Schreibgespräch kann leicht nach verschiedenen Einsatzbereichen variiert werden: So muss nicht die ganze Klasse in ein „Gespräch" einbezogen werden, sondern ein Schreibgespräch kann auch in Gruppen oder – etwa zur Streitschlichtung – auch in Partnerarbeit durchgeführt werden.
- Wird das Schreibgespräch als Themeneinstieg benutzt, kann es sinnvoll sein, den Papierbogen aufzubewahren und nach der Bearbeitung des Themas ggf. erneut zur Diskussion zu stellen bzw. das Schreibgespräch fortsetzen zu lassen.

# 6 Unterschiedlichen Lerntypen gerecht werden

## 6.1 Hörverstehenstest

 5–10 Minuten  Klasse 5–10  Hörtext, Abspielgerät

**Beschreibung**

Indem man Hörverstehen bewertet, signalisiert man der Klasse, dass das Zuhören bzw. das hörende Verstehen eine Fähigkeit und eine Leistung für sich ist. Zugleich kommt man den aufmerksamen, aber eher stilleren, zurückhaltenderen Schülern entgegen und wird dadurch unterschiedlichen Lerntypen besser gerecht.

**Durchführung**

Ein Hörtext wird der Klasse ein- oder zweimal vorgespielt. Nach dem Hören bearbeiten die Schüler ein Arbeitsblatt zum Hörtext.
Die Länge der Hörtexte kann je nach Jahrgangsstufe variieren (zwischen 30 Sekunden und mehreren Minuten). Inhaltlich bieten sich vor allem authentische Sachtexte an.
Das Arbeitsblatt zu den Hörtexten sollte immer zunächst zwei, drei einfache Reproduktionsaufgaben (Wiedergabe von Namen, Begriffen und Zahlen) enthalten. Anschließend können komplexere Aufgaben zu den Bereichen Produktion und Transfer folgen (Begründungen, Verknüpfungen von Informationen, Schlussfolgerungen aus dem Gehörten).

**Beispiel (Texte)**

- Durchsagen am Bahnhof oder Flughafen
- Radiomeldungen (auch Verkehrshinweise und Wettervorhersagen)
- Radionachrichten (als ganzer Block)
- Hörfunkfeatures und -interviews

**Weitere Hinweise**

- Hörverstehensüberprüfungen können auch im Anschluss an Referate oder Lehrervorträge erfolgen. Es müssen dazu auch keineswegs immer entsprechende Arbeitsblätter erstellt werden: So könnten etwa zu einem Referat eines Schülers auch spontan zwei oder drei Aufgaben gestellt werden, die die Schüler dann auf einem leeren Blatt bearbeiten müssen. Wichtig ist dabei nicht zuletzt das Signal: Auch Zuhören ist eine Fähigkeit.

## 6.2 Hörtexte szenisch umsetzen

 ab 10 Minuten  Klasse 5–10  Hörtext, Abspielgerät

**Beschreibung**

Das szenische Umsetzen von Hörtexten ist eine komplexe Anforderung, die zunächst verdeutlicht, dass auch das bewusste, aufmerksame Zuhören eine Fähigkeit bzw. Leistung darstellt. Durch das Zuhören selbst, dann aber auch durch das szenische Spiel wird man den unterschiedlichen Lerntypen in der Klasse besser gerecht.

**Durchführung**

Ein passender literarischer Hörtext (z. B. ein Jugendbuchauszug mit hohem Anteil an wörtlicher Rede oder eine Kurzgeschichte) wird der Klasse ein- oder zweimal vorgespielt. In Partner- oder Gruppenarbeit (je nach Anzahl der sprechenden Figuren im Text) wird die szenische Umsetzung kurz (!) abgesprochen, aber nicht geprobt. Zwei oder drei Gruppen führen dann in der Klasse ihre Umsetzungen vor.

**Beispiel (Texte)**

- Astrid Lindgren: Pippi Langstrumpf, Kapitel „Pippi geht in die Schule“ (Klasse 5 und 6)
- Heinrich Böll: Anekdote zur Senkung der Arbeitsmoral (Klasse 7 bis 9)
- Reiner Kunze: Clown, Maurer oder Dichter (ab Klasse 9)

**Weitere Hinweise**

- Je nach Schwerpunktsetzung kann die Vorbereitungszeit verlängert (es werden dann stärker die sprachlichen Ausdrucksmöglichkeiten fokussiert) oder auch ganz gestrichen werden (die Überprüfung des Hörverstehens steht dann ganz im Mittelpunkt).
- Den Schülern wäre gegebenenfalls ein Schwerpunkt zu nennen (z. B.: „Achtet beim Spielen besonders auf die Mimik und Gestik.“).

## 6.3 Texte szenisch präsentieren

 2–10 Minuten  ab Klasse 5  keines

**Beschreibung**

Durch das szenische Präsentieren von Texten können nicht nur das Verständnis von Texten, sondern auch körper- und stimmsprachliche Fähigkeiten überprüft werden. Zugleich werden Schüler mit einer schauspielerischen Begabung angesprochen und das Arbeiten in Teams bzw. Gruppen geübt.

**Durchführung**

Die Schüler bereiten in Teams oder Kleingruppen einen Text zur szenischen Präsentation vor und präsentieren ihre Arbeit der Klasse.

Die Textpräsentationen können sich je nach Klassenstufe und dem mit der Präsentation verfolgten Ziel erheblich unterscheiden. Geht es bei der szenischen Umsetzung einer Fabel in Klasse 5 vielleicht nur darum, einen anderen Textzugang zu eröffnen oder eine Alternative zum Vorlesen von Texten zu bieten, könnte die Textpräsentation in der Oberstufe mit textüberschreitenden analytischen und interpretatorischen Leistungen verknüpft werden (siehe Beispiele). Entsprechend unterschiedlich fallen Vorbereitungszeit und Bewertungskriterien aus.

**Beispiel**

- Im Rahmen der Beschäftigung mit epischen Kleinformen (insbesondere Fabel, Anekdote und Schwank bzw. Eulenspiegelgeschichte) werden von Gruppen jeweils andere Texte vorbereitet und präsentiert.
- Im Rahmen der Lektüre einer Ganzschrift präsentieren Schülergruppen immer wieder zentrale Textstellen (ggf. auch in gekürzter Form) szenisch. Vor der Textpräsentation wird von einem Gruppenmitglied der inhaltliche Zusammenhang erläutert, in dem die Stelle steht. Nach der Textpräsentation wird von einem anderen Gruppenmitglied deutlich gemacht, warum die Textstelle ausgewählt wurde bzw. welche Bedeutung die Stelle für das Verständnis des ganzen Textes besitzt. Weitere Gruppenmitglieder könnten auf die Art der Umsetzung (warum wurde die Stelle so und nicht anders umgesetzt) oder die Gesprächsstrategien der Figuren eingehen.
- Im Rahmen der Beschäftigung mit einer Epoche bereiten Gruppen Präsentationen zu zentralen Werken dieser Epoche vor: Zentraler Bestandteil der Ergebnispräsentation ist die szenische Präsentation einer zentralen Textstelle des Werkes.

**Weitere Hinweise**

- Auch wenn sich natürlich Auszüge aus Dramen besonders für die szenische Umsetzung anbieten, ist das Verfahren keineswegs auf diese Gattung beschränkt. Oft lassen sich auch in Romanen oder Novellen zentrale Stellen finden, an denen ein Dialog im Mittelpunkt steht. Gerade bei der Lektüre von epischen Ganztexten kann eine szenische Textpräsentation sehr ergiebig sein und die Unterrichtsreihe auflockern.
- Grundsätzlich lassen sich auch Gedichte szenisch präsentieren (wie man ja auch **Standbilder** zu Gedichten bauen kann). Am offensichtlichsten ist dies bei Balladen der Fall, doch kann in vielen Gedichten die Sprechsituation durch eine szenische Umsetzung verdeutlicht werden (etwa die Stimmung des Sprechers, die lyrische Situation, die Hinwendung an einen Adressaten); vergleiche zur kreativen Gedichtpräsentation auch Tipp 4.6.
- Für eine szenische Präsentation eines Textes ist es keinesfalls nötig, dass ein Text auswendig gelernt wurde. Die Texte müssen auch nicht immer gespielt werden; oft ist schon eine vorbereitete szenische Lesung sehr hilfreich.

## 6.4 Aussagen visualisieren

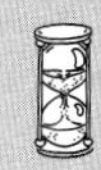

2–5 Minuten

ab Klasse 7

ist, je nach Bedarf, von den Schülern zu organisieren

### Beschreibung

Die Möglichkeit, Aussagen zu visualisieren, kann bei Schülern Sprech- und Versagensängste vermindern. Zugleich werden Schüler mit einer kreativen Begabung angesprochen.

### Durchführung

Ein Schüler zeigt zu einer vorgegebenen Fragestellung seine vorbereitete Visualisierung als Antwort darauf. Nun kann entweder der Schüler sofort seine Visualisierung erläutern oder aber die Schüler aus dem Plenum stellen zuvor Vermutungen über die Gründe für die Wahl des Schülers an bzw. kommentieren die Visualisierung.
In die Bewertung fließt dann sowohl die Visualisierung selbst als auch die Erläuterung der Visualisierung durch den Schüler ein.

### Beispiele

- Visualisierungen eignen sich besonders gut, um Stimmungen sowohl in Texten als Ganzes als auch von literarischen Figuren in bestimmten Situationen zu verdeutlichen: So könnte ein Schüler, um die lyrische Situation in einem Gedicht zu verdeutlichen, die Reproduktion eines Gemäldes mit in den Unterricht bringen oder er könnte, um die Stimmung einer literarischen Figur zu verdeutlichen, diese Figur pantomimisch darstellen (auch als **Freeze**). Die zugrunde liegende Fragestellung wäre dann interpretatorischer Art.
- Die Meinung zu vielen Erörterungs- bzw. Debattenfragen ließe sich als Collage ausdrücken. Eine Collage (eine selbst erstellte Fotografie, eine selbst gezeichnete Karikatur, ...) kann dabei auch als Gesprächs- bzw. Diskussionsimpuls dienen.
- Mithilfe von selbst erstellten Schaubildern lassen sich erworbenes Wissen und das Verständnis von Zusammenhängen darstellen (z. B. in den Bereichen Grammatik, Erzähltechnik, Textsorten oder Epochen).

### Weitere Hinweise

- Als Visualisierungsform für Gruppen bzw. Teams ist das **Standbild** etabliert und weit verbreitet.

# 6.5 Figurengespräch

20–25 Minuten

ab Klasse 7

keines

## Beschreibung

Figurengespräche (Rollengespräche) stellen eine Variante des **Rollenspiels** (vgl. 6.6) dar und verlangen die Identifikation eines Schülers mit einer literarischen Figur, deren Verhalten und Charakter ihm so besser verständlich wird. Die Bewertung eines Figurengesprächs kann einen guten Einstieg in die Diskussion über den Ausgangstext darstellen.

## Durchführung

Die Schüler erarbeiten in Zweierteams (ggf. auch in Gruppen) einen vom Lehrer vorgegebenen Text und hierbei insbesondere den Charakter der Hauptfigur und ihr Verhältnis zu anderen Figuren. Innerhalb der Teams (Gruppen) wird ein Interviewer sowie derjenige bestimmt, der die Rolle der Figur übernimmt. Während der Interviewer Fragen ausarbeitet, vertieft sich der Rollenspieler weiter in seine Rolle. Das Rollengespräch wird vor der Klasse durchgeführt. Gegebenenfalls können aus der Klasse weitere Fragen an den Rollenspieler gestellt werden. Abschließend kann das Rollenspiel vor dem Hintergrund des Ausgangstextes bewertet werden.

## Beispiele

- Angaben zur Person: Wie alt bist du? Woher kommst du? Wer sind deine Eltern? Was ist dein Beruf/womit beschäftigst du dich?
- Angaben zum Aussehen: Wie siehst du aus? Wie nehmen dich andere wahr? Mit welcher Blume/welchem Tier würdest du dich vergleichen?
- Angaben zum Charakter: Welches Erlebnis hat dich entscheidend geprägt? Wovor hast du Angst/überhaupt keine Angst? Was regt dich auf? Worüber freust du dich? Welche Eigenschaften schätzt du bei anderen am meisten/am wenigsten?
- Angaben zum Verhalten: Wie reagierst du, wenn jemand unpünktlich ist/dich belügt/dich versetzt/ ...? Wie ist dein Verhältnis zur Figur X? Warum?

## Weitere Hinweise

- Eine Variante des Figurengesprächs ist die **Rollenbiografie**. Hierbei verfasst man aus der Sicht und Perspektive einer literarischen Figur eine Gedankenrede, in der wesentliche Fragen (siehe die Beispiele) zur Biografie und dem Charakter einer Figur beantwortet werden. Die Rollenbiografie ist, anders als der innere Monolog, nicht situationsbezogen und weist auch keine Merkmale spontaner Rede auf.
- Vgl. im Anhang, S. 63 die Vorlage „Bewertungsbogen Gruppenarbeit“.

# 6.6 Rollenspiel

ab 5 Minuten  ab Klasse 8  ggf. Rollenkarten

### Beschreibung

Beim Rollenspiel versetzen sich die Schüler in eine andere Person und erproben dabei unterschiedliche Sprechhaltungen und kommunikative Strategien.

### Durchführung

Der Lehrer bestimmt die Gesprächssituation und weist den Schülern Gesprächsrollen zu. Die Schüler bereiten das Gespräch nach den Vorgaben des Lehrers vor und spielen das Gespräch anschließend. Die Klasse beobachtet das Gespräch und bewertet daraufhin das in den Rollen gezeigte Verhalten (weniger unter dem Aspekt, ob die Rolle gut ausgefüllt worden ist, sondern vor allem unter der Fragestellung, was die Rolle kennzeichnet).

### Beispiele

- Lehrer (Mutter) ermahnt einen Schüler, sich mehr anzustrengen; der Schüler bringt Entschuldigungen und Ausreden vor
- Jugendlicher möchte zu einem Konzert, die Eltern haben Bedenken (am nächsten Tag ist eine wichtige Klassenarbeit)
- Richter befragt einen geständigen Dieb zum Tathergang
- Polizist ermahnt Temposünder
- Streit: Schüler hat sich etwas ungefragt „ausgeliehen“, was er mit Bitte bekommen hätte; der Besitzer stellt ihn zur Rede
- Streit: Schüler ist unzuverlässig und wird von einem Freund/dem Vater zur Rede gestellt

### Weitere Hinweise

- Erfahrungsgemäß sind **Streitgespräche** für Rollenspiele besonders ergiebig (z. B.: Wie eskalieren Streite? Wer hätte sich zu welchem Zeitpunkt anders verhalten sollen/können? Welche Rolle spielt das nonverbale Verhalten?). Allerdings sollten solche Streitgespräche stets mit Schlichtungsgesprächen kontrastiert werden, damit die Schüler auch Strategien zur Problemlösung entwickeln können. **Schlichtungsgesprächen** kann folgender Ablauf zugrunde gelegt werden: 1. Klärung des strittigen Sachverhalts (Welche Motive haben die Beteiligten, wie geht es ihnen dabei?); 2. Lösungen bzw. Kompromisse formulieren und bei den Beteiligten hinterfragen; 3. abschließende Vereinbarung formulieren (ggf. auch schriftlich als Protokoll, Vertrag o.Ä.)
- Werden Rollenspiele komplexer angelegt (z. B. wenn eine Talkshow oder eine politische Debatte nachgespielt bzw. simuliert wird), können für die Schüler Rollenkarten angelegt werden, auf denen nicht nur besondere Eigenschaften, sondern auch bestimmte Positionen vorgegeben sind.

## 6.7 Pantomime

5–10 Minuten

ab Klasse 5

ggf. Alltagsgegenstände (wie ein kleiner Karton, ein Eimer, ein Besenstiel, ein Springseil, eine Orange, ...)

**Beschreibung**

Pantomimische Übungen schärfen das Bewusstsein der Schüler für Gestik, Mimik und Körpersprache. Mit ihnen werden nicht nur andere Lerntypen als im gewöhnlichen Unterricht angesprochen; Pantomimen haben zugleich eine spielerische Komponente, die motivierend sein kann.

**Durchführung**

Eine Spielfläche wird geschaffen. Der Lehrer gibt eine pantomimische Übung vor. Die Schüler spielen einzeln, in Paaren oder in Gruppen die Übung.

**Beispiele**

- einführend mithilfe von Gegenständen: ein kleiner Karton oder ein Eimer wird auf einmal zur Riesenlast, eine Orange zu einem kostbaren Geschenk, ein Seil zur gefährlichen Giftschlange, ein Besenstiel zum Balancestab eines Seiltänzers, ...
- Gangarten: laufen wie ein Roboter, wie jemand mit Gipsbein, als ob es steil bergauf (bergab) geht, als ob man barfuß über heißen Sand läuft, als ob man im Sumpf geht, wie man bei starkem Gegenwind läuft, wie jemand, der selbstbewusst (schüchtern) ist, ...
- (in Paaren oder Gruppen): ein Auto wird angeschoben, ein großes Fass durch den Raum gerollt, ein Tauziehen veranstaltet, eine schwere Last gemeinsam getragen, ein Baum wird abgesägt, ...
- Alltagsszenen: man wartet auf den Aufzug, man steht an der Kasse hinter einer nach Kleingeld suchenden älteren Dame, man quält sich mit einer schweren Hausaufgabe, ein Türschloss klemmt, man trifft überraschend einen Bekannten, ...
- Sprichwörter/Phraseologismen: eine Hand wäscht die andere, jemandem einen Bären aufbinden, jemandem unter die Arme greifen, etwas ausbaden müssen, jemanden auf die Palme bringen, Lügen haben kurze Beine, ...
- Emotionen: Wut, Ungeduld, Begeisterung, Freude, Verlegenheit, Scham, Angst, Ratlosigkeit, Trauer, Gier, ...

**Weitere Hinweise**

- Pantomimen lassen sich leicht zu kleinen Ratespielen ausbauen, etwa indem Tätigkeiten oder Sprichwörter dargestellt und erraten werden sollen. In höheren Klassen kann auch versucht werden, Personen (zum Beispiel Figuren aus einer aktuellen Lektüre) zu erraten.
- Mit etwas Fantasie lassen sich Paar- und Gruppen-Pantomimen auch zu kleinen Spielszenen ausbauen.

## Rückmeldebogen zur Bewertung der mündlichen Unterrichtsbeteiligung

für: ______________________________ Klasse ________

| | + | 0 | – |
|---|---|---|---|
| Du meldest dich regelmäßig. | | | |
| Du beachtest die Gesprächsregeln. | | | |
| Du kannst Gelerntes gut wiedergeben. | | | |
| Du stellst gezielte Fragen. | | | |
| Du kannst ein Thema weiterführen und bringst Vorwissen ein. | | | |
| Du begründest deine Meinung. | | | |
| Du folgst dem Unterricht konzentriert. | | | |
| Deine Beiträge sind sprachlich angemessen. | | | |
| **derzeitige mündliche Note** | | | |
| ergänzende Bemerkungen: | | | |

Datum ______________ Unterschrift ______________

# Bewertungsbogen Referat

Thema: ______________________________

von: ____________________ am: ____________________

| Aspekte* | Aspekt gut erfüllt | ☺ | 😐 | ☹ | Aspekt nicht erfüllt |
|---|---|---|---|---|---|
| **Wirkung insgesamt** | wirkt selbstbewusst und glaubwürdig | | | | wirkt unsicher und wenig kompetent |
| **Vortragsweise** | weitgehend frei (z. B. mit Karteikarten) | | | | abgelesen, hängt am Manuskript |
| Auftreten: Augenkontakt | jeder fühlt sich angesprochen | | | | kaum Kontakt zum Publikum |
| Auftreten: Körpersprache | offen, dem Publikum zugewandt | | | | dem Publikum abgewandt |
| Sprechweise | laut und deutlich, akzentuiert | | | | zu langsam/schnell, zu leise, undeutlich |
| Medieneinsatz: Technik | sicherer Umgang mit den Medien | | | | Medienumgang schlecht vorbereitet |
| Medieneinsatz: Funktionalität | sinnvolle Auswahl der Medien<br>Medien stützen und veranschaulichen das Gesagte | | | | zu viele/wenige Medien<br>Medien stehen im Vordergrund, nicht das zu vermittelnde Wissen |
| Medieneinsatz: Gestaltung | übersichtlich, klar strukturiert, gut lesbar | | | | unübersichtlich, undeutlich, überladen |
| **Inhalt: thematischer Bezug** | Thema erfasst, Inhalt passt zum Thema | | | | Thema nicht voll erfasst |
| **Inhalt: sachliche Richtigkeit** | Aussagen belegt und in sich schlüssig, Zusammenhänge zu anderen Themen erkannt<br>mit Quellenangaben | | | | falsche oder schwammige Aussagen, Fakten unbekannt, Zusammenhänge nicht erfasst<br>ohne Quellenangaben |
| **Inhalt: Aufbau** | klar und nachvollziehbar strukturiert | | | | kein roter Faden |
| **Inhalt: Informativität** | zentrale Informationen hervorgehoben (z. B. durch Thesenpapier)<br>Zuhörer lernen viel | | | | es bleibt unklar, was wesentlich ist<br>Zuhörer erfahren kaum Neues |
| **Zuhörerorientierung** | Vorwissen und Interessen werden berücksichtigt<br>Zuhörer werden einbezogen (z. B. durch Fragen, Arbeitsblätter) | | | | Vortrag geht an den Zuhörern vorbei<br>keine Einbindung des Publikums |

* fett gedruckte Aspekte mit doppelter Gewichtung

# Bewertungsbogen Buchvorstellung

Buch: ____________________________________________

von: ____________________ am: ____________________

| Aspekte* | Aspekt gut erfüllt | ☺ | 😐 | ☹ | Aspekt nicht erfüllt |
|---|---|---|---|---|---|
| **Wirkung insgesamt** | wirkt selbstbewusst und glaubwürdig, der Vortragende kennt das Buch gut | | | | wirkt unsicher und wenig kompetent, der Vortragende hat das Buch nicht gründlich gelesen |
| **Angaben zum Buch** | Autor, Textsorte, Seitenzahl, Bebilderung, Verlag, Erscheinungsjahr genannt | | | | keine oder nur ungenaue bzw. unvollständige Angaben |
| **Angaben zum Autor** | Autor kurz vorgestellt (Lebensdaten, wichtige Werke) | | | | keine oder nur ungenaue bzw. unvollständige Angaben |
| **Buchinhalt** | Thema genannt, Handlung (Inhalt) wird zusammengefasst, wichtige Figuren werden beschrieben | | | | Thema bleibt unklar, nur wenige Angaben zur Handlung bzw. dem Inhalt, wichtige Figuren bleiben blass |
| Einstellung zum Buch | es wird deutlich gemacht, wie der Vortragende zum Buch steht und warum | | | | es bleibt unklar, wie der Vortragende zum Buch steht und warum |
| **Textstelle** | eine wichtige und beispielhafte Textstelle wurde vorgelesen (vorgestellt) | | | | Bedeutung der Textstelle ist nicht erkennbar, es wird keine beispielhafte Textstelle vorgestellt |
| **Inhalt: Aufbau** | klar und nachvollziehbar strukturiert | | | | kein roter Faden |
| **Vortragsweise** | weitgehend frei (z. B. mit Karteikarten) | | | | abgelesen, hängt am Manuskript |
| Auftreten: Augenkontakt | jeder fühlt sich angesprochen | | | | kaum Kontakt zum Publikum |
| Auftreten: Körpersprache | offen, dem Publikum zugewandt | | | | dem Publikum abgewandt |
| **Sprechweise** | laut und deutlich, akzentuiert | | | | zu langsam/schnell, zu leise, undeutlich |
| **Zuhörerorientierung** | Vorwissen und Interessen werden berücksichtig | | | | Vortrag geht an den Zuhörern vorbei |

* fett gedruckte Aspekte mit doppelter Gewichtung

## Selbsteinschätzung meiner mündlichen Unterrichtsbeteiligung

Name: ______________________________ Datum: ______________________________

| | ☺ | 😐 | ☹ |
|---|---|---|---|
| Ich folge dem Unterricht immer aufmerksam und höre auch meinen Mitschülern und Mitschülerinnen zu. | | | |
| Wenn ich etwas nicht verstanden habe, frage ich nach. | | | |
| Ich bringe mich regelmäßig aktiv in den Unterricht ein. | | | |
| Meine Beiträge passen zum jeweiligen Thema (der Frage). | | | |
| In meinen Beiträgen bringe ich mein Wissen zu den Unterrichtsthemen ein. | | | |
| In meinen Beiträgen bringe ich auch Wissen und Erfahrungen ein, die ich außerhalb des Deutschunterrichts erworben habe. | | | |
| Ich habe eigene Ideen zu den Unterrichtsthemen und bringe diese ein. | | | |
| Wenn ich meine Meinung sage, begründe ich sie. | | | |
| Ich nutze Beispiele, um meine Überlegungen verständlicher zu machen. | | | |
| Ich akzeptiere überzeugende Gegenargumente. | | | |
| Ich achte darauf, dass meine Beiträge sprachlich korrekt und stilistisch angemessen sind. | | | |

Name: ______________________

## Abecedarium zu

______________________

A ______________________

B ______________________

C ______________________

D ______________________

E ______________________

F ______________________

G ______________________

H ______________________

I ______________________

J ______________________

K ______________________

L ______________________

M ______________________

N ______________________

O ______________________

P ______________________

Q ______________________

R ______________________

S ______________________

T ______________________

U ______________________

V ______________________

W ______________________

X ______________________

Y ______________________

Z ______________________

## Ideenblatt

Frage:______________________________

____________________________________

| | | |
|---|---|---|
| | | |
| | | |
| | | |
| | | |
| | | |

# Bewertungsbogen Gesprächsverhalten

Name: ______________________________ Anlass ______________________________

| | + | 0 | – |
|---|---|---|---|
| Einhaltung der Gesprächsregeln (insbesondere: ausreden lassen, Höflichkeit) | | | |
| Themenfokussierung (nicht vom Thema abweichen) | | | |
| auf Vorredner eingehen, auch positiv (d. h. andere bestärken) | | | |
| Gesprächsbeiträge führen inhaltlich weiter | | | |
| Gesprächsbeiträge sind auf das gemeinsame Gesprächsziel fokussiert | | | |
| Gesprächsbeiträge sind verständlich (lautes und deutliches Sprechen) | | | |
| Gesprächsbeiträge sind anschaulich (durch Beispiele, Verweise auf die Gesprächssituation, …) | | | |
| Gesprächsbeiträge sind sachlich richtig bzw. gut begründet | | | |
| Gesprächsbeiträge sind durch stimm- und körpersprachliche Mittel (Augenkontakt, Stimmführung, …) unterstützt | | | |
| aktives Zuhören | | | |
| situationsangemessenes Verhalten | | | |
| ergänzende Bemerkungen (z. B. konkrete Verbesserungsvorschläge): | | | |

# Bewertungsbogen Gruppenarbeit

Name: ______________________________ Anlass ______________________________

| | + | 0 | – |
|---|---|---|---|
| Ich habe mich gut beteiligt (mitdiskutiert, Ideen eingebracht, Vorschläge gemacht, ...). | | | |
| Meine Ideen und Meinungen wurden von den anderen aufgegriffen. | | | |
| Ich habe die mir übertragenen Teilaufgaben selbstständig und eigenverantwortlich bearbeitet. | | | |
| Ich habe die Gesprächsregeln beachtet, war höflich und sachlich und habe mich nicht in den Vordergrund gedrängt. | | | |
| Ich konnte andere motivieren und auf Störungen anderer angemessen reagieren. | | | |
| Ich habe mich dazu bereit erklärt, das Gruppenarbeitsergebnis in der Klasse zu präsentieren. | | | |
| Ich bin mit der Art der Gruppenarbeit insgesamt zufrieden. | | | |
| Ich bin mit dem erzielten Gruppenarbeitsergebnis zufrieden. | | | |
| ergänzende Bemerkungen (z. B. was künftig besser gemacht werden könnte):<br>______________________________<br>______________________________<br>______________________________<br>______________________________ | | | |

# Register

Im Register finden sich nicht nur alle ausführlich dargestellten Tipps und Methoden, sondern auch die als Alternativen benannten Methoden sowie die Vorlagen im Anhang. Verwiesen wird auf die entsprechenden Abschnitte im Buch; die wichtigeren Abschnitte werden jeweils zuerst genannt.